CHEMIN DE FER AMÉRICAIN
DE PARIS A VERSAILLES

Prix des Places. — Tarif au 1er mai 1861

ÉCONOMIE DE TEMPS
ET D'OMNIBUS
Du 15 mai au 15 septembre
LA ROUTE EST ARROSÉE
deux fois par jour.

TRANSPORT
de la Messagerie et des Bagages
A PRIX RÉDUITS
A dater du 15 avril
20 KIL. GRATIS PAR VOYAGEUR.

PARIS — VERSAILLES
Départ d'heure en heure, de 8 heures du matin à 8 heures du soir.

LOCALITÉS DESSERVIES	STATIONS CORRESPONDANTES	EN SEMAINE Intérieur	EN SEMAINE Impériale	DIM. ET FÊTES Intérieur	DIM. ET FÊTES Impériale
Intérieur de Paris rue du Louvre, 2	Bas de Sèvres	» 50	» 60	» 70	» 70
	Chaville	» 70	» 70	» 80	» 80
	Viroflay	» 90	» 90	1 »	1 »
	Versailles	1 »	1 »	1 10	1 10
Place de la Concorde	Bas de Sèvres	» 60	» 60	» 70	» 70
	Chaville	» 70	» 70	» 80	» 80
	Viroflay	» 90	» 90	1 »	1 »
	Versailles	1 »	1 »	1 10	1 10
Passy (A. barrière)	Bas de Sèvres	» 50	» 50	» 60	» 60
	Chaville	» 60	» 60	» 65	» 65
	Viroflay	» 70	» 70	» 75	» 75
	Versailles	1 »	1 »	1 05	1 05
Point-du-Jour	Bas de Sèvres	» 30	» 30	» 30	» 30
	Chaville	» 40	» 40	» 40	» 40
	Viroflay	» 60	» 60	» 60	» 60
	Versailles	» 80	» 80	» 85	» 85
Sèvres	Chaville	» 15	» 15	» 15	» 15
	Viroflay	» 30	» 30	» 30	» 30
	Versailles	» 40	» 40	» 40	» 40
Chaville	Viroflay	» 15	» 15	» 15	» 15
	Versailles	» 40	» 40	» 50	» 50
Viroflay	Versailles	» 30	» 30	» 35	» 35

Les prix de toutes les places sont réduits d'un quart pour les militaires munis de cartes ou en uniforme. Pour les fractions au-dessous de 5 centimes, il sera perçu 5 centimes. Locations de voitures pour déménagements et promenades à prix réduits.

HOTELS CAFÉS-RESTAURANTS
spécialement recommandés

DE FOY, boul. des Italiens, 36
MAISON-DORÉE, boulevart des Italiens, 20.
DES QUATRE-SAISONS, rue des Halles, 2.
ANGLAIS, boulevard des Italiens, 13.
DURAND, place de la Madeleine, 2.
BONNEFOY, boulevard Montmartre, 4.
POISSONNIÈRE, boulevart Poissonnière, 2.
MAIRE, boulev. de Sebastopol.
A FRANÇOIS Ier, boulevart Poissonnière, 24, bouillon, restaurant, service extrêmement soigné.
CAFÉ DU CARDINAL, boul. des Italiens, 1.
RESTAURANT de FRANCE, boulevard Poissonnière, 9.
BONVALLET, b. du Temple, 22
BŒUF A LA MODE, rue de Valois (Palais-Royal).
TROIS-FRÈRES-PROVENÇAUX, galerie Beaujolais (Palais-Royal), 95-98.
VÉFOUR, galerie Beaujolais (Palais-Royal), 79.
PHILIPPE, r. Montorgueil, 70
D'ORSAY, rue du Bac, 2.
MAGNY, rue Contrescarpe-Dauphine, 3.
FOYOT, rue de Tournon, 33.
CAFÉ DE L'EUROPE, rue Vivienne, 26, et Passage des Panoramas, 42.
PIGY, dîners à 1 fr., 50; déjeuners à 1 fr. 25, r. Neuve-des-Petits-Champs, 5, dans le passage des Pavillons, au 1er
BARATTE, place de la Fontaine-des-Innocents, rue aux Fers, 8.
BRÉN, déjeuner, 1 fr. 50; dîner, 2 fr., rue de Rivoli, 78

VERSAILLES — PARIS
Départ d'heure en heure, de 8 heures du matin à 9 heures du soir.

LOCALITÉS DESSERVIES	STATIONS CORRESPONDANTES	EN SEMAINE Intérieur	EN SEMAINE Impériale	DIM. ET FÊTES Intérieur	DIM. ET FÊTES Impériale
Versailles	Viroflay	» 30	» 30	» 35	» 35
	Chaville	» 40	» 40	» 50	» 50
	St-Cloud (grille du Parc)	» 45	» 45	» 55	» 55
	Point-du-Jour	» 80	» 80	» 85	» 85
	Passy (A. barrière)	1 »	1 »	1 05	1 05
	Paris { pl. de la Concorde rue du Louvre, 2.	1 »	1 »	1 10	1 10
Viroflay	Chaville	» 15	» 15	» 13	» 15
	St-Cloud (grille du Parc)	» 30	» 30	» 30	» 30
	Point-du-Jour	» 60	» 60	» 60	» 60
	Passy (A. barrière)	» 70	» 70	» 75	» 75
	Paris { pl. de la Concorde rue du Louvre, 2.	» 90	» 90	1 »	1 »
Chaville	St-Cloud (grille du Parc)	» 15	» 15	» 15	» 15
	Point-du-Jour	» 40	» 40	» 40	» 40
	Passy (A. barrière)	» 60	» 60	» 65	» 65
	Paris { pl. de la Concorde rue du Louvre, 2.	» 70	» 70	» 80	» 80
Sèvres (bas et haut)	Point-du-Jour	» 30	» 30	» 30	» 30
	Passy (A. barrière)	» 50	» 50	» 50	» 50
	Paris { pl. de la Concorde rue du Louvre, 2.	» 60	» 60	» 70	» 70

L'administration transporte dans le chemin de fer Américain, de l'intérieur de Paris dans l'intérieur de Sèvres et Versailles, sans changement de prix. Le dimanche le service est double.

Versailles — Imprimerie CERF, rue du Plessis, 59.

1861

THÉATRES DE PARIS

THÉATRE IMPÉRIAL DE L'OPÉRA	VAUDEVILLE
COMÉDIE-FRANÇAISE	VARIÉTÉS
OPÉRA-COMIQUE	GYMNASE
THÉATRE DES ITALIENS	PALAIS-ROYAL
THÉATRE DE L'ODÉON	PORTE-SAINT-MARTIN
THÉATRE LYRIQUE	GAITÉ

AMBIGU-COMIQUE	FUNAMBULES
CIRQUE IMPÉRIAL	CIRQUE NAPOLÉON
FOLIES—DRAMATIQUES	HIPPODROME
DÉJAZET	PANORAMA
BOUFFES-PARISIENS	DIORAMA
LUXEMBOURG	MOLIÈRE
BEAUMARCHAIS	LYRIQUE

THÉATRE DE VERSAILLES

THÉATRE DE SÈVRES

SOIRÉES DANSANTES

VALENTINO	ÉLYSÉE MONTMARTRE	ÉLYSÉE DES ARTS
CASINO	PILODO	CONSTANT
DOURLANS	SALLE BARTHELEMY	

CONCERTS

MUSARD	SALLE HERZ	PRADO
MABILLE	CHATEAU DES FLEURS	
CASINO	ALCAZAR	

CAFÉS CHANTANTS

CAFÉ DE L'HORLOGE	CHEVAL BLANC	
CAFÉ DES AMBASSADEURS	CAFÉ DU GÉANT	

L'OMNIBUS AMÉRICAIN

AUX VOYAGEURS

Tout a été fait :

Voyage en Orient, Itinéraire de Paris à Jérusalem, Voyage en Italie, en Allemagne, Voyage autour du monde, Voyage dans la Lune, etc. ; mais, sans avoir la plume d'un Lamartine, d'un Châteaubriand ou de madame de Staël ; sans embrasser le monde comme Humboldt ou Dumont d'Urville, sans être philosophe comme Swift, pourquoi, dans un petit trajet si souvent et si utilement renouvelé, du Louvre à Versailles, ne ferai-je pas aussi mon Itinéraire?

Et que fais-tu? direz-vous, ô lecteurs! pour parler ce langage.

Ce que je fais?

Je vais de Paris à Versailles, traîné par trois chevaux, conduit par un cocher sûr, accompagné d'un conducteur aimable ; je vais et je reviens quarante fois par jour. Je transporte par an, directement, au centre de ces deux villes, sans autre dépense que celle de mon prix réduit, un million de voyageurs, que je réchauffe pendant l'hiver et que je rafraîchis pendant l'été par mes nombreux vasistas ; je les distrais par mes Tableaux-Annonces illustrés, le plus actif et le plus puissant intermédiaire qui puisse entretenir des rapports commerciaux entre deux grandes villes et des localités charmantes ; avantages qui ne peuvent manquer d'être sérieusement appréciés par le commerce et l'industrie en général.

Enfin, je suis aimé et chéri des dames qui peuvent à leur aise et *chez moi seulem·nt*, admirer la campagne du haut de mon impériale où elles montent commodément par un large escalier.

Qui je suis? me demanderez-vous encore.

L'on me nomme OMNIBUS AMÉRICAIN.

Fils de Pascal comme *Omnibus*, je suis *Américain* par mes rails. Je suis donc un enfant du génie, rappelant à la fois le grand mathématicien, l'inventeur de la brouette, le nouveau-monde de Colomb, d'où nous viennent la vapeur et l'électricité.

Je suis aussi l'émule de la vapeur et mes rails vous indiquent que j'écoute la voix de cette puissance qui transforme le monde, de ce Dieu que chacun adore, le progrès !

Et, joignant l'utile à l'agréable, mon Itinéraire, tout en soulevant la poussière du passé, saura s'incliner devant les monuments du jour, les triomphes de l'industrie ; et bon fils autant que bon vivant, je pourrai m'écrier :

Respect aux temps passés!

Honneur aux temps présents!

Place à l'*Omnibus Américain !*

ÉTABLISSEMENT

HYDROTHÉRAPIQUE

DES NÉOTHERMES

RUE DE LA VICTOIRE, 56, A PARIS

JARDINS — VASTES GALERIES

Ce grand Établissement, fondé en 1800 par le docteur BOULAND, père du Directeur actuel, est spécialement disposé pour les personnes qui ont un traitement à suivre. — Eau de Source à 9° R. Cette Source, qui jaillit dans l'Établissement même, permet de suivre le traitement pendant l'été, ce qui serait impossible avec l'eau de Seine, dont la température atteint 22 degrés. — Douches et Bains Médicinaux de toute espèce. — Traitement Hydrothérapique complet. — On reçoit des Internes, des Externes et des Pensionnaires. — Chaque malade continue à recevoir les soins de son médecin.

STATION DU LOUVRE

Nous sommes à la *Station du Louvre*.

Je vois à votre impatience que vous attendez le signal du départ. Mais il y a encore quelques minutes. Que faire? Eh bien, prêtez-moi, lecteur, toute votre attention; je vais vous aider à passer le temps.

Et, d'abord, vous dirai-je à quoi je pense? Je vous vois rire, lecteur; mais sachez que l'*Omnibus Américain* est merveilleusement doué, et qu'il possède tout comme l'être le mieux organisé, la bosse de l'intelligence et de la perspicacité.

Mais à quoi peut penser un *Omnibus*?

Je vais vous le dire: Je songe que, si nous passions sur la rive gauche, près de l'Institut, de l'hôtel des Monnaies, et si je remontais jusqu'au Palais de Justice, l'ancienne demeure de nos rois, nous aurions à faire toute l'histoire de Paris; mais, nous ne traversons pas la Seine, mon trajet n'est pas de ce côté; je me contenterai de voir avec vous ce qui est devant nous.

Or donc, vous saurez, cher lecteur, qu'avant que Paris ne s'étendît hors de la Cité, on commença à bâtir sur la place où nous sommes, l'église *St-Germain - l'Auxer-rois*. Elle fut bâtie au sixième siècle en l'honneur de saint Germain, évêque de Paris, par le roi Chilpéric Ier qui lui donna le nom de St-Germain-le-Rond. Prise et pillée par les Normands, elle fut rebâtie, au onzième siècle, par le roi Robert qui l'appela St-Germain-l'Auxerrois. Elle devint bientôt le siège d'un puissant chapitre, sous les derniers Capétiens. Enfin, au quatorzième siècle, elle fut entièrement restaurée, et c'est de cette époque que date la magnifique façade que l'on admire encore aujourd'hui.

Ici, comme partout où l'on fouille la cendre du vieux Paris, un triste souvenir se réveille. C'est la grosse cloche de Saint-Germain-l'Auxerrois qui donna le signal de la Saint-Barthélemy.

Deux siècles plus tard, elle devait sonner le glas funèbre du grand Malherbe,

> Qui le premier en France,
> Fit sentir dans les vers une juste cadence.
>
> BOILEAU, *Art poétique.*

Dans ces derniers temps, le portail a été très-artistement restauré dans le goût du moyen-âge. Le gouvernement actuel lui a donné pour-pendant la *Mairie du premier arrondissement*, qui est reliée à l'église par une charmante et pittoresque tour ogivale, élevée depuis peu sur la rue Chilpéric qui sépare ces deux monuments.

Ici, s'étendait autrefois la rue des Poulies, où fut l'hôtel d'Alençon, construit par le malheureux Enguerrand de Marigny, qui fut pendu pour satisfaire les vengeances de la cour. C'est dans l'ancien Louvre que fut enfermé le ministre disgrâcié. A la place de ces riants jardins qui entourent aujourd'hui le Louvre, se trouvait une grosse tour où l'on enfermait les criminels d'Etat.

Philippe-Auguste l'avait fait construire comme un château-fort, destiné à arrêter les incursions des Normands. Le terrain qui était situé sur cette rive, en face de la tour de Nesle, fut vendu trente sous parisis par an à la couronne par les religieux de Saint-Denis-de-la-Châtre.

Le château était flanqué de quatre tours rondes, comme celles du Palais-de-Justice. On y entrait par un pont-levis, et il était entouré de larges fossés.

Cet édifice sombre et triste, plutôt fait pour une prison que pour une résidence royale, ne plut pas aux successeurs de Philippe II, qui allèrent presque tous habiter le palais des Tournelles.

Le Louvre resta donc une prison jusqu'à la Renaissance. Ce fut alors que François Iᵉʳ voulut en faire un palais. La grosse tour fut démolie, et fit place à deux pavillons qui furent bâtis d'après les dessins de Pierre Lescot. L'un d'eux est le pavillon de l'Horloge. Tous deux forment aujourd'hui le vieux Louvre.

Il serait trop long de suivre toutes les phases par où passa l'histoire de ce magnifique palais. Indiquons seulement les faits les plus saillants.

C'est du pavillon de la Reine, situé à l'extrémité de la galerie d'Apollon, que Charles IX contempla le spectacle horrible de la Saint-Barthélemy, et prit part au carnage qui fut si grand, dit la chronique, que les eaux de la Seine en furent rougies.

Je répète la chronique, car vous comprenez, lecteur, que, moi, *Omnibus Américain*, je n'y étais pas.

C'est sur ce pont-levis qui regardait St-Germain-l'Auxerrois, que le maréchal d'Ancre fut assassiné sous Louis XIII. Enfin, disons que le plan du vaste bâtiment que nous avons sous les yeux, fut conçu par les architectes Lemercier et Sarrazin, et exécuté par Perrault en 1666.

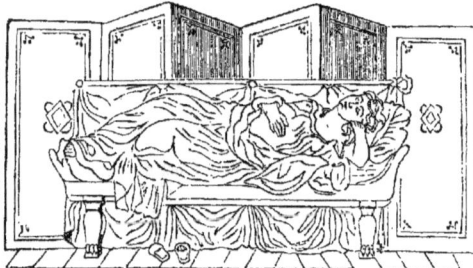

Avec ces grosses tours disparut l'hôtel du Petit-Bourbon, qui rappelait un fait historique et un usage bizarre. Situé précisément à l'endroit où nous sommes, cet hôtel avait été peint en jaune, suivant la coutume, après que son maître, le connétable de Bourbon, eut trahi François Ier.

Le Louvre devint alors le séjour des quatre Académies, de l'Imprimerie royale, etc.

Les Tuileries et Versailles avaient supplanté le Louvre sous la révolution; un décret de la convention, du 24 thermidor, an II, le transforma en musée, et Napoléon Ier en fit le dépôt des merveilles des arts, mot qui fut vrai

jusqu'en 1815, époque où il fut pillé par les étrangers.

Je ne puis quitter le Louvre sans vous donner, cher lecteur, quelques détails pratiques.

Le Louvre renferme 1,300 dessins des grands maîtres, 450 tableaux des maîtres Espagnols, les plus belles sculptures de la Renaissance, et quantités de manuscrits, vases, fragments et curiosités de tous genres.

Après la galerie d'Apollon, véritable chef-d'œuvre, je vous conseille de visiter le musée de la Marine ainsi que celui de l'Algérie qui, chaque jour, reçoit de nouvelles richesses de nos généraux d'Afrique et de nos savants.

Le musée du Louvre est ouvert tous les jours, le lundi excepté, de 10 heures à 4 heures; l'entrée est libre sans formalités.

Enfin, le cocher monte sur son siége! c'est le signe du départ.

Voyageur, attention! nous partons.

DÉPART

DU LOUVRE A LA PLACE DE LA CONCORDE

COUR DU LOUVRE

Prenez bien vos mesures pour qu'un voisin incommode n'usurpe pas trop votre place, et maintenant que vous êtes bien assis sur de moelleuses banquettes, jetons un coup d'œil sur la *cour du Louvre*. Cette cour, au-jourd'hui si nue, a possédé deux statues: celle du duc d'Orléans, tombée sous la fureur populaire, le 24 février 1848, pour être, ensuite, reléguée dans un coin du château de Versailles, et, depuis, celle de François Ier, tombée

TABLEAU SPÉCIAL
Des Maisons de Commerce de la rue de Rivoli

UNIQUES ET RECOMMANDÉES

AMEUBLEM[T].	**HORLOGERIE**
	Société hygiénique, n° 79, grand magasin de parfumerie de bon goût.
ARMURIERS	**PARFUMERIE**
CONFECTION — A la Redingotte Grise, maison de consignation, etc., n° 45. / Au Congrès de Paris, grand magasin de vêtements, n° 138.	
	RUBANS — Change-Alexis, n° 68.
DENTISTES	
	SOIRIES
EBÉNISTERIE DE LUXE	
FOURRURES	**VINS** ET **LIQUEURS**

sous la critique parisienne et la moquerie des gamins de Paris qui l'avaient surnommée le *sire de Framboisy*.

Mais mes chevaux s'emportent, et comme je marche très-vite, nous allons rapidement passer devant bien des monuments qu'il faudra désigner par quelques traits de plume.

Jetons encore un pieux et dernier regard sur ces beaux et frais jardins que nous laissons derrière nous. C'est là que reposèrent pendant de longues années, les restes immortels des combattants de 1830, jusqu'à ce qu'ils fussent transférés sous la colonne de Juillet.

Nous voilà rue de *Rivoli ;* cette immense et magnifique rue, qui s'étend de la place de la Concorde à la Bastille, contenait, il y a peu d'années encore, un des plus fangeux quartiers de Paris. Elle ne présentait alors qu'un amas de sombres cloaques, qui égalaient en horreur les plus tristes repaires de la Cité.

Aujourd'hui, grâce aux énergiques efforts du souverain actuel, et à ceux de notre édilité parisienne, pour rendre Paris la première capitale du monde, la rue de Rivoli existe ; aujourd'hui cette immense et belle voie contient des magasins et des établissements de premier ordre, parmi lesquels on remarque le plus grand hôtel du monde, l'*Hôtel du Louvre*, les plus grands magasins du monde, les *magasins du Louvre*, les belles galeries du *Congrès de Paris*, renommé pour sa solidité, son élégance et son bon marché Le vaste entrepôt général des excellents chocolats de la célèbre *Compagnie coloniale*. Les magasins et entrepôts des suaves produits de la *Société hygiénique*, la belle manufacture de vêtements du *Siége de Sébastopol*, honorée de plusieurs médailles ; les magasins de l'incroyable *Redingote grise*, qui donne un habillement complet, chapeau, chemise et souliers vernis compris, pour 49 fr.; le célèbre *Pauvre diable*, qui donne tout pour rien. Enfin, plus loin de nous, la riche manufacture de chaussures de M. *Hébert*.

Vous énumérer, cher lecteur, toutes les merveilles commerciales de la rue de Rivoli, serait vous faire faire une halte trop longue, aussi, reprenant mon cours, vous prierai-je de vous reporter aux tableaux et aux annonces ci-inclus.

Écoutez, cher lecteur, ce que dit l'histoire de ce qu'était cette rue du temps de Philippe-Auguste, et vous comprendrez combien tout

Français doit être orgueilleux et fier de sa magnificence actuelle.

« Le bon roi, dit la chronique, allant par
» son palais, se mit à une fenêtre pour avoir
» récréation de l'air, il advint que charrette
» qui charriait vint à mouvoir si bien la boue
» et l'ordure dont la rue était pleine, qu'une
» pueur en issit si grande, qu'elle monta jus-
» qu'au roi ; depuis, dis-je, que le roi sentant
» cette pueur si corrompue, en eut grande abo-
» mination de cœur, et ordonna de paver les
» rues de grès gros et forts ; et, depuis, ses
» successeurs s'appliquèrent à faire moult
» grands et beaux monuments. »

Mais, hâtons-nous de le dire, c'est seulement depuis quelques années que le souverain, aidé par le luxe des particuliers, amateurs des brillantes constructions, a pu faire pénétrer au sein des quartiers les plus pauvres, leur part de vie et de soleil.

Pour vous distraire de cette tirade tant soit peu philosophique, faites comme moi, cher lecteur ; je laisse les esprits malingres ou incompris pleurer leur vieux Paris.

J'aime les grandes voies, je suis de mon siècle ; je vois tomber les vieilles et sales rues sans douleur, parce que le Paris futur, le Paris de Napoléon, laisse à l'imagination, comme le disait le prisonnier de Sainte-
« Hélène : Quelque chose de fabuleux et de colossal, quelque chose d'inconnu jusqu'à
» nous (1). »

Interrompu dans son œuvre, Napoléon Ier n'avait pu mener la rue de Rivoli que jusqu'aux Tuileries.

Nous voici au tournant du Louvre. C'est ici que se trouvait la *place de l'Oratoire* ; elle devait son nom à cette église qui occupe l'emplacement de l'hôtel Bourbon et de l'hôtel Du Bouchage, habité par Gabrielle d'Estrées.

En 1816, le cardinal de Bérulle y établit la confrérie des prêtres séculiers de l'Oratoire, qui n'étaient pas liés par des vœux éternels. Depuis la révolution, cet édifice, après avoir contenu les bureaux de la Caisse d'amortissement, est devenu un temple protestant.

La place de l'Oratoire communiquait avec la rue Saint-Honoré, par les rues du Coq, de la Bibliothèque et du Chantre ; puis, un pâté de maisons, touchant aux bâtiments du Louvre, bornait à angle droit cette place toujours encombrée de matériaux de construction. C'est de là qu'en 1830 un gamin de Paris, s'élevant par un échaffaudage de maçon jusqu'aux premières fenêtres, pénétra dans le Louvre, fit croire à une escalade et décida la retraite des Suisses.

De l'autre côté de ce pâté de maisons se trouvait, en place de l'immense hôtel du

(1) *Mémorial de Sainte-Hélène*, t. IV, p. 222.

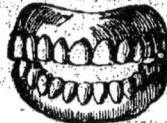

2

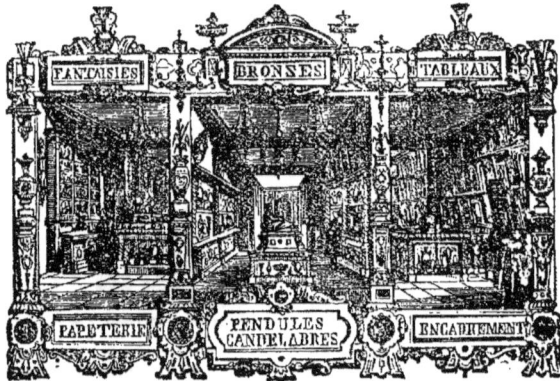

Louvre, la rue Pierre-Lescot, une des plus tristes et des plus immondes de Paris. Ce fut longtemps le séjour des escrocs de toute espèce, des enfants de la débauche et du vice, qui infectèrent si longtemps le Palais-Royal.

PALAIS-ROYAL

A droite apparaissait autrefois l'ancien hôtel de Rambouillet, immortalisé par Molière, et transporté plus tard rue Saint-Thomas-du-Louvre, sur l'emplacement du pavillon de Rohan.

En 1624, Richelieu y fit bâtir le *palais Cardinal*, aujourd'hui Palais-Royal, où le grand ministre ouvrit un théâtre du côté de la rue de Valois; sa tragédie de *Mirame* y fut représentée, en 1639, pour l'inauguration.

En 1662, le duc d'Orléans reçut en apanage le Palais Royal, qui appartint à sa famille jusqu'à Philippe-Egalité. Celui-ci détruisit les jardins, fit ouvrir les rues de Valois, de Beaujolais et de Montpensier, et livra une partie du Palais-Royal à l'exploitation commerciale.

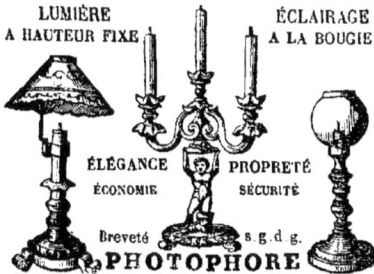

LUMIÈRE A HAUTEUR FIXE — ÉCLAIRAGE A LA BOUGIE — ÉLÉGANCE ÉCONOMIE — PROPRETÉ SÉCURITÉ — Breveté s.g.d.g. **PHOTOPHORE**

Le Photophore étant en Émail ou Porcelaine (corps non conducteurs du calorique) ne s'échauffe pas. — La Bougie qu'il renferme brûle dans un tube transparent, avec économie à hauteur fixe, jusqu'à la fin et sans perte, en conservant l'apparence d'une Bougie entière. — Avec le Photophore, plus de taches de Bougie.
FABRIQUE : LEBRUN BRETIGNÈRES, BOULEV. BEAUMARCHAIS, 99

La foule s'y précipita ; c'est là que le fougueux Camille Desmoulins excita le peuple à la révolte par ses improvisations entraînantes.

Ce fut ensuite le rendez-vous de la jeunesse dorée, de Fréron et des incroyables du Directoire, coudoyant les courtisanes vêtues de gaze.

Depuis, le Palais-Royal devint le réceptacle de tous les talents et de tous les vices.

Ces démolitions que vous voyez à côté, sont destinées à dégager le Théâtre-Français qui, construit sur le petit jardin des princes, devint, en 1791, le Théâtre-de-la-Liberté. C'est le théâtre de la tragédie et de la comédie française, immortalisé par Lekain, puis par Talma, enfin, de nos jours, par la célèbre et incomparable Rachel.

Au 24 février 1848, on voyait encore sur la petite place du Palais-Royal un château d'eau bâti par le Régent. Ce château et le poste qui l'avoisinait ont été pris et incendiés par l'insurrection.

Sur notre gauche, vous voyez l'emplacement de la caserne des gendarmes et des zouaves, ou des chasseurs de la garde, là aussi était le ministère d'Etat.

Cet emplacement était autrefois occupé par les rues Pierre-Lescot, Saint-Thomas-du-Louvre, de Chartres et de Valois.

L'immense place du *Carrousel*, que vous

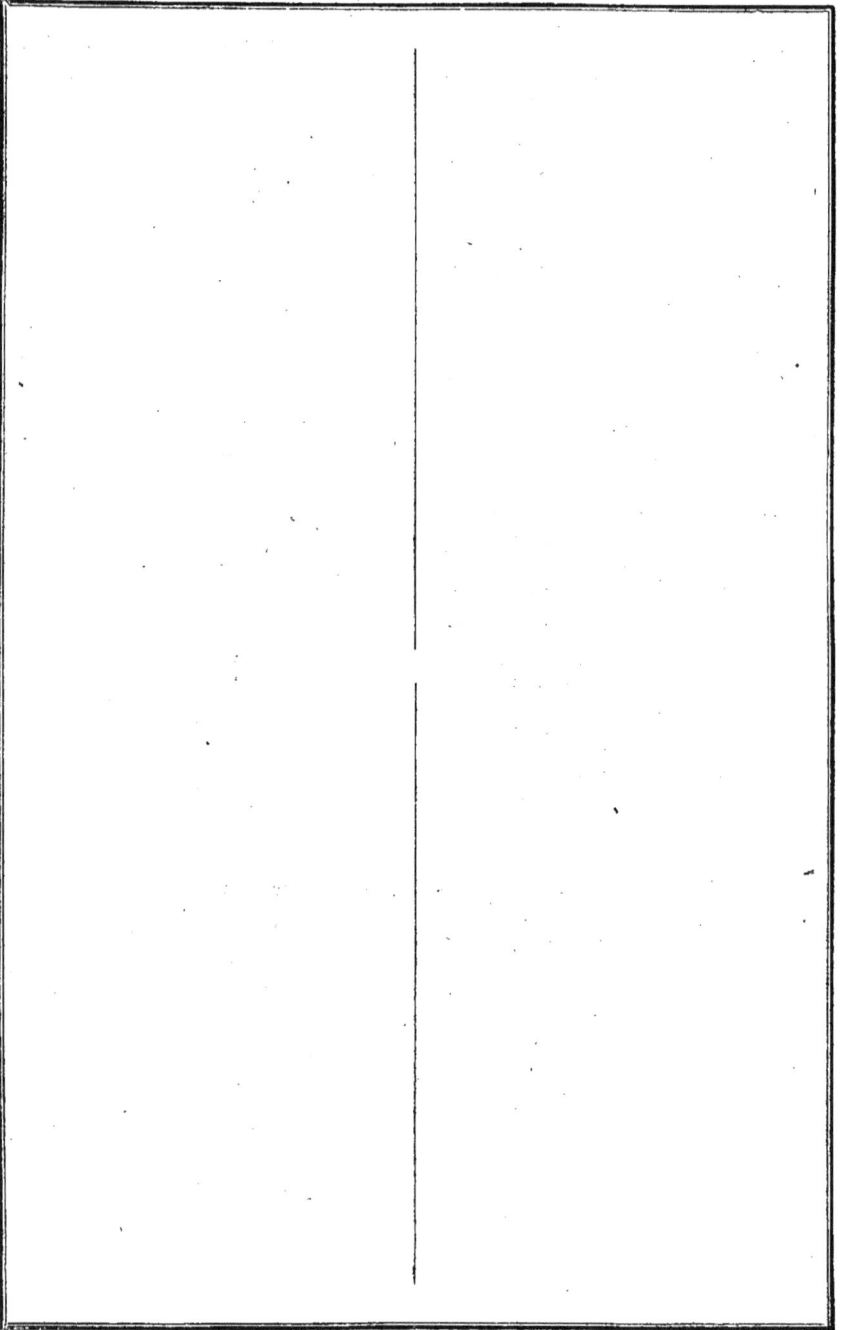

voyez fermée aujourd'hui, si régulière, si propre, si commode, n'a pas toujours été ainsi; elle comprenait alors plusieurs rues sombres et sans animation qui la séparaient de la place de *Monsieur* aujourd'hui *Square Napoléon*.

Il y a peu de temps encore, elle était peuplée de marchands d'oiseaux ou d'estampes, couverte de noires échoppes de bric à brac ou de sordides marchands de tableaux qui entouraient le musée comme autant d'araignées prêtes à exploiter les talents inconnus.

C'est là qu'eurent lieu des essais infructueux d'éclairage électrique ; sur le côté se trouvait le fameux hôtel de Nantes, le désespoir du roi Louis-Philippe, qui ne pouvait se débarrasser d'un propriétaire exigeant et tenace.

Enfin, c'est là que stationnaient ces innombrables coucous, partant toujours, n'arrivant jamais, et dont les misérables haridelles faisaient du parcours de Paris à Versailles un voyage de deux jours.

TUILERIES

Ce grand monument qui a été réuni au Louvre, ce sont les Tuileries. Au treizième siècle, ce terrain était cultivé, et c'est Pierre Des Essarts qui le céda à l'hôpital des Quinze-Vingts, pour en faire une fabrique de tuiles; les remparts de la ville s'arrêtaient en avant de la rue Saint-Nicaise, qui fut détruite en partie, sous le consulat, par l'attentat du 3 nivôse, contre le général Bonaparte, et dont il ne reste aujourd'hui aucun vestige.

Sur ce terrain, François Ier fit bâtir un hôtel pour la duchesse d'Angoulême.

Ce fut en 1563 que Catherine de Médicis, dégoûtée du séjour de l'hôtel des Tournelles où était mort Henri II, acheta la maison dite des Tuileries. Philibert Delorme, son architecte, fournit les plans. Les jardins furent tracés et on commença les constructions du côté de la Seine ; la première pierre fut posée le 11 juillet 1566.

Ce palais comprit le gros pavillon à coupole

du centre, avec deux ailes construites plus tard, au midi, le pavillon de Flore, sous Louis XIII, au nord, le pavillon de Marsan, sous Louis XIV·

Écrire l'histoire des Tuileries, serait écrire l'histoire des derniers siècles; qu'il suffise de dire que, sous Napoléon Ier seulement, furent déblayées les trois cours intérieures, théâtre de la lutte du 10 août 1792, et que c'est à lui qu'on doit ces magnifiques chevaux de Venise, dont la copie orne aujourd'hui, sur le petit arc de triomphe qui leur sert de piédestal.

Après le bâtiment, aujourd'hui résidence impériale, vient le jardin, immense promenade sablée, décorée de statues et de groupes divers, copiés des chefs-d'œuvre de l'antiquité et de la mythologie ; elle est plantée de magnifiques marronniers dont l'un porte le nom du 20 mars. Le marbre et le bronze y reproduisent partout les traits des divinités mythologiques ou des personnages célèbres de l'antiquité. De belles pièces d'eau, peuplées de poissons et de cy-

gues, sont disposées au milieu. A droite se continue la rue Saint-Honoré, qui se terminait jadis près du marché du même nom, en avant du café de la Régence.

Le quartier Richelieu était alors occupé par la butte Saint-Roch. C'est de là que la plus merveilleuse héroïne de France, Jeanne d'Arc, vint attaquer Paris occupé par les Anglais.

On ne commença à y bâtir que sous Charles IX. Dans ces champeaux renommés vint longtemps se battre cette turbulente jeunesse de l'Université si chérie de nos rois, si désagréable aux bons bourgeois. Disons que Saint-Roch fut fondé en 1578, et contient le tombeau du grand Corneille.

Toute cette partie de la rue de Rivoli acuelle fut occupée, jusqu'à Napoléon 1er, par les dépendances des Quinze-Vingts, transférés en 1780, par le trop fameux cardinal de Rohan, au faubourg Saint-Antoine, et par le couvent des dominicains ou jacobins, qui fut fondé, en 1611, sur l'emplacement du marché Saint-Honoré actuel.

Ce couvent devait, dès les premiers jours de la révolution française, servir de lieu de réunion au cercle des Amis de la Constitution, puis à cette faction turbulente connue sous le nom de Jacobins ; plus tard, la jeunesse dorée devait le dévaster, et il n'en reste plus aujourd'hui aucun vestige.

Près de là était un autre couvent, les Feuillants, qui servit de siége à ce club fameux,

qui chercha vainement à défendre le système représentatif.

Cette magnifique terrasse couverte d'arbres, est la terrasse des Feuillants, qui vient rejoindre celle du bord de l'eau. C'est par là que, le 10 août, le peuple assaillit l'assemblée législative, au sein de laquelle s'était retirée la famille royale.

L'Assemblée tenait alors ses séances dans la salle du manége, élevée par Catherine de Médicis pour l'instruction des jeunes nobles.

Cette salle disparut quelque temps après avoir servi au Conseil des Cinq-Cents.

A droite, voyez la rue Castiglione, qui s'étend sur l'emplacement du couvent des Capucins.

Bien qu'en dehors de notre route, jetez, en passant, un coup-d'œil sur cette belle place Vendôme, si pleine de glorieux souvenirs. Les terrains étaient occupés par l'hôtel Vendôme, appartenant au cardinal de Retz, et par le couvent des capucins. Ils furent rachetés, en 1686, par le ministre Louvois, pour y bâtir une place à la gloire de Louis XIV. Cette place fut achevée par l'or de l'écossais Law, qui vit, en 1792, brûler les titres de noblesse et détruire, en 1796, les instruments destinés à fabriquer ce papier-monnaie, qui avait en si peu de temps fait sa fortune, et dont la destruction causa sa ruine.

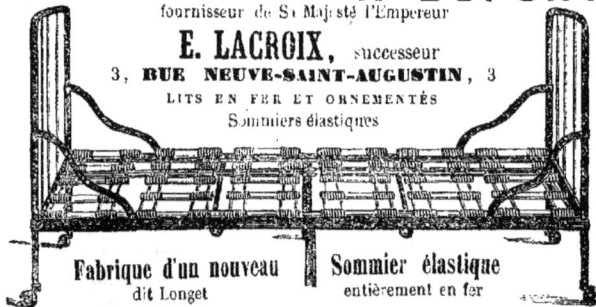

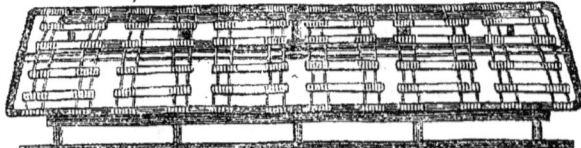

PLACE DE LA CONCORDE

De cette place, nous allons admirer une foule de merveilles. D'abord, c'est le ministère de la Marine, au coin de la rue Royale, où furent reportés les anciens remparts, lorsque Richelieu fit abattre la première porte Saint-Honoré. C'est au n° 6 de cette rue que mourut madame de Staël; à droite se détache le splendide portique de la Madeleine, commencée, en 1764, par Constant d'Ivry, destinée, en 1806, à devenir le Temple de la Gloire, et consacré au culte catholique en 1842. Le fronton est de Lemaire, et cette colonnade carrée rappelle le Parthénon d'Athènes.

En tournant sur la place de la Concorde, au coin de la rue Royale, on voit l'ancien Garde-Meuble de la couronne; puis, voici l'avenue des Champs-Elysées avec le cercle Impérial, les jardins de l'ambassade d'Angleterre et, tout près, ceux de l'Elysée.

Ce dernier édifice, construit en 1718 sous le nom d'hôtel d'Evreux, fut plus tard occupé par madame de Pompadour, contint le garde-meuble jusqu'en 1773, passa des mains du financier Baujon dans celles de la duchesse de Bourbon, fut donné à Murat en 1803 et cédé à l'Empereur en 1808. C'est là que Napoléon, à la fin des Cent-Jours, malgré l'enthousiasme de la population des faubourgs et les cent mille hommes que Waterloo rendait à Paris, céda et signa la deuxième abdication.

L'empereur Alexandre et le duc de Berry habitèrent ce palais qui, depuis, fut souvent la demeure des princes étrangers en voyage à Paris.

Cette grande et belle place que nous traversons est riche aussi en souvenirs. Lorsque les murs de Paris furent reportés jusqu'à la hauteur de la rue Royale, les jardins des Tuileries étaient bornés par des fossés, et la porte de la Conférence terminait le quai, au point où se trouve aujourd'hui l'extrémité de la terrasse du bord de l'eau.

Cette place était bien loin de présenter l'uniformité de terrain qu'elle offre aujourd'hui. Des fossés la bornaient presque de tous côtés avec des balustrades et de petits pavillons, dus aux dessins de l'architecte Gabriel, et qui subsistaient encore il y a quinze ans. Au milieu de cette place devait être érigée, dès 1748, une statue de Louis XV, sculptée par Bouchardon, et qui ne fut achevée qu'en 1763.

Autour de cette statue se donnèrent les fêtes du mariage de Marie-Antoinette d'Au-

SOCIÉTÉ DES MOYABAMBINES

53, RUE DE RIVOLI, 53

Au coin de la rue des Lavandières-Sainte-Opportune.

TRESSEURS, BASSES-CORDILLIÈRES DES ANDES

triche avec le Dauphin, qui devait être Louis XVI. La foule se pressa en si grand nombre et les mesures étaient si mal prises, que beaucoup de personnes périrent. La plume si colorée d'Alexandre Dumas, a trop bien peint cette triste scène, pour que moi, omnibus, j'essaie de la décrire, j'aime bien mieux y renvoyer le lecteur. Nous avons cru devoir rappeler ce sinistre augure, qui semblait prédire les scènes funèbres dont cette place devait être le théâtre.

Vingt-deux ans plus tard, la statue de Louis XV, le bien-aimé, tombait pour faire place à une colossale image de la Liberté.

Douze jours après, s'élevait, auprès de cette déesse un funèbre appareil, sur lequel devaient tomber tant de têtes illustres. En effet, c'est sur la place de la Révolution que, tour à tour, tombèrent Louis XVI, Marie-Antoinette, les Girondins, Charlotte Corday, madame Rolland, Danton, Robespierre, et tant d'autres; mais passons. En 1795, les chevaux

de Marly décorèrent cette place, et le Directoire lui donna le nom de place de la Concorde, pour clore cette période sanglante.

La ville de Paris fit construire les deux magnifiques fontaines, au milieu desquelles le gouvernement de Juillet a fait transporter l'obélisque de Louqsor, comme souvenir de notre campagne d'Egypte.

De la place, vous pouvez jeter un coup d'œil sur ces terrains qui, dès 1828, formaient, pour Paris, de vastes promenades ombragées.

Marie de Médicis fit construire le Cours-la-Reine, que nous allons côtoyer le long du quai. Il commençait alors à la porte de la Conférence, formait trois allées d'arbres fermées par des fossés et deux grilles qui s'ouvraient pour recevoir les brillants promeneurs de la Cour.

Un siècle plus tard, le marquis de Marigny, frère de la marquise de Pompadour, fit reboiser les terrains, qui furent appelés dès-lors les Champs-Elysées. « Vastes promenades, dont les belles allées s'étendaient jusqu'au Roule et aboutissaient, en forme d'étoile, à une hauteur d'où l'on découvrait une partie de la ville et les environs. » Mais ces promenades n'étaient guère praticables qu'en plein jour.

Jusqu'à 1840, elles étaient dangereuses le soir, et Eugène Sue y a placé une des plus émouvantes scènes des *Mystères de Paris* : le cabaret de Bras-Rouge.

On chercherait bien vainement aujourd'hui, au milieu de ces magnifiques quinconces, de ces jardins anglais si verdoyants, de ces cafés chantants dont les mille lumières resplendissent, les sombres déserts si bien décrits par le romancier du crime. Les jeux de paume, les cabarets borgnes, ont été détruits pour faire place à cet immense palais de l'Industrie, construit en 1855 pour imiter le palais de Cristal de Sydenham, et destiné à renfermer l'exposition des produits de l'industrie universelle; immense création bien digne des progrès de l'esprit humain.

Pendant que l'on change mes roues pour m'embarquer sur la voie ferrée, que nous ne quitterons plus jusqu'à Versailles, jetons un dernier regard sur ce vieux Paris et sur cette Seine, près de laquelle il s'est élevé et placé là, comme « un navire échoué au courant de l'eau. »

Ces magnifiques quais que nous distingons sont tout modernes. Autrefois les habitants faisaient baigner le pied de leurs demeures dans les eaux du fleuve. En 1313 seulement fut bâti le quai des Augustins ; sous Charles V, celui de la Mégisserie. Louis XIV créa le quai des Tuileries et la Conférence, dont nous suivons le prolongement, et où toutes les ressources de l'arboriculture ne peuvent faire pousser que des arbres rabougris, à l'ombre desquels on grille tout l'été.

Ce pont, qui mène au Corps-Législatif et au ministère des Affaires étrangères, fut achevé avec les pierres de la Bastille, et porta longtemps le nom de pont Louis XVI.

Le Corps-Législatif, autrefois palais du duc de Bourbon, fut bâti en 1732, et reçut, en 1806, la façade actuelle, due au ciseau de Poyet. Le terrain formait autrefois une île de la Seine; le bras du fleuve a été comblé lorsque le faubourg Saint-Germain s'est agrandi.

Les roues marchent, reportons-nous en avant, bientôt nous sortirons de la ville, et, bien qu'aux environs de Paris toute pierre puisse encore rappeler un fait historique, nos souvenirs iront plus vite, car ils remonteront moins haut.

MAISON DELISLE

6, BOULEVARD DES CAPUCINES, 6

FABRIQUES

A Bruxelles

Alençon

et Chantilly.

—

NOUVEAUTÉS

DENTELLES

—

EXPOSITION

UNIVERSELLE

1855

MAISONS

A LYON

ET

A LAHORE

—

SOIERIES

CACHEMIRES

—

MÉDAILLE

D'HONNEUR

Breveté de S. M. l'Impératrice des Français, de LL. MM. la Reine d'Angleterre, la Reine des Pays-Bas, et de plusieurs cours Étrangères.

CHAILLOT, QUAI DE BILLY

Le quai que nous longeons fut appelé long-temps le Port-aux-Pierres, il s'étend jusqu'à l'allée des Veuves.

Pendant l'exposition, le Cours-la-Reine contint une annexe. Un peu plus loin se trouvent des jardins pleins de fleurs, les concerts Musard où chaque soir, l'été, on entend une excellente musique, et où l'on trouve l'élite de la société parisienne.

Voici le pont des Invalides, d'abord pont suspendu à péage. Il fut remplacé par un pont en pierres, par suite des derniers embellissements de Paris. En face, nous voyons l'hôtel des Invalides, bâti en 1671 et dont l'élégante et gracieuse coupole est due au dessin de l'architecte Mansard, qui a laissé son nom aux fenêtres qui s'ouvrent sur les toits.

Au coin de l'avenue d'Antin se trouve la délicieuse maison de François Ier, qui fut rapportée, pierre par pierre, de Moret en 1826, par les soins de l'architecte Bret. Au bout de l'avenue d'Antin, cet édifice rond que vous apercevez, est le nouveau Panorama, qui représente d'une manière si saisissante un des épisodes sanglants et glorieux de la prise de Sébastopol du au pinceau si dramatique du peintre et renommé colonel Langlois, je vous engage à y aller ; c'est un de ces spectacles grandioses dont on ne peut se faire une idée.

Du pont des Invalides au pont de l'Alma, suivant toujours le quai des Champs-Elysées, nous longeons le quartier

J.-Goujon, plein de belles résidences, mais dans lequel le commerce n'a pas encore apporté son existence animée et bruyante. Nous nous arrêtons à l'allée des Veuves ; c'est là que vous pouvez voir la plus célèbre école gymnastique de Paris, celle du colonel Amoros, le tir de Lepage, et, enfin, le jardin Mabille, où, avec une excellente musique, on trouve toutes les distractions, où se rencontrent les plus jolies femmes de Paris, des célébrités de tout genre. depuis la joyeuse et brillante émule des Mogador et des Pomaré jusqu'aux hommes de talent qui, dans quelques années, dirigeront peut-être la politique, et qui, en attendant, y prennent, ainsi qu'ont fait leurs devanciers, leurs joyeux ébats.

Nous voilà au quai de Billy, un des plus anciens de Paris ; bâti sous Henri II, il prit le nom de quai des Bons-Hommes, qu'il doit au couvent des Minimes, à Chaillot.

Nous passons devant la pompe à feu, qui alimente les réservoirs de toute cette partie de Paris. La manutention militaire s'élève sur l'emplacement de la savonnerie royale, fondée par Henri IV, pour les tapis de la Couronne, et qui, sous la restauration, fut réunie aux Gobelins. Cet édifice fut, en 1855, dévoré par un incendie.

Nous voilà sous les hauteurs de Chaillot. Ce quartier est très-ancien; on le retrouve à l'époque la plus reculée de notre histoire. C'est en tournant le village de Nimio que lors de la terrible révolte de Vercingétorix des Avernes, les Ro-

A LA REDINGOTE GRISE

45, RUE DE RIVOLI, 45

le tout pour 49 fr.

ON DONNE :
- 1 Chapeau de soie..
- 1 Gilet de cachemire.
- 1 Pantalon satin laine.
- 1 Paletot de drap ou Redingote.
- 1 p^re de Souliers vernis

—Pest! mon cher, comme te voilà mis. — Hein! c'est ça. — Qu'elle est donc la maison qui t'habille? — Va. à la Redingote Grise, tu auras le tout complet pour 49 francs. — Vraiment! j'en prends l'adresse. — Rue de Rivoli, 45, au coin de celle Saint-Denis.

mains vinrent chercher l'armée Gauloise dans la plaine de Grenelle, en face de nous, et la défirent.

Le village de Nimio, plus tard Nigeon, échut à la Couronne comme seigneurie, en 1450, et fut donné au célèbre écrivain, Philippe de Commines, par Louis XI. Bien des personnages illustres l'ont habité depuis. Je ne citerai que la pauvre duchesse de la Vallière, qui vint s'y refugier au couvent de la Visitation, fondé par Henriette de France, veuve de Charles Ier d'Angleterre.

C'est des hauteurs de Chaillot que le général prussien, Blücher, put apercevoir notre superbe et immense capitale, et qu'il ordonna de faire sauter le pont d'Iéna, ce nom seul insultait à son orgueil.

Mais les essais des mines n'eurent pas de succès, et il sert encore de trait d'union entre la rive droite et le Champ-de-Mars, ce champ immortalisé par de si grands souvenirs.

Qui ne se rappelle cette grande et glorieuse fête de la Fédération, sous la première république ; ces enrôlements volontaires et l'enthousiasme populaire de 1793, le régiment de la Moselle en sabots, et, plus tard, les illustres revues de l'immortel vainqueur du monde ; puis, lors des Cent-Jour, qui ne revoit encore le Champ-de-Mars servant de théâtre à l'octroi de l'acte additionnel, fête extraordinaire de l'Empire ; de sombres pressentiments planaient sur la foule, quand ces intrépides enfants qui défilaient devant l'Empereur, sur

le point de marcher à Waterloo, semblaient dire, malgré leur enthousiasme : *Cesar, ant morituri te salut.*

Mais passons, franchissons ensemble l'ancienne barrière des Bons-Hommes, après avoir jeté un coup-d'œil sur les hauteurs à pic du Trocadéro.

Lors qu'après la campagne de 1823, de brillantes fêtes célébrèrent les succès de l'armée française, le nom de Trocadero fut donné à cette hauteur qui rappelait le plus brillant fait d'armes de cette glorieuse campagne.

PASSY

Voilà Passy, autrefois Pacianum, gros bourg qu'on retrouve dans notre histoire dès l'an 1250. Malgré son admirable position qui domine Paris, la Seine et la plaine de Grenelle, Passy ne prit de l'importance que vers 1658, époque où furent découvertes les eaux thermales.

Il fut alors de bon goût d'avoir sa maison de campagne sur ces riants coteaux. C'est là que Samuel Bernard venait se délasser de ses travaux financiers en quittant l'hôtel dont nous avons parlé.

Plus tard, l'illustre savant, l'émule de Washington, Francklin, vint l'habiter. Une rue porte encore son nom. Malgré les ravages des soldats de Blücher, Passy resta un charmant lieu de plaisance. Béranger y passa de longues années. C'est de là que le chansonnier populaire repoussa, en 1848, les offres de la jeunesse enthousiaste des écoles. Aujourd'hui Paris grandit et la villégiature se retire.

Les parcs, les jardins disparaissent, et Passy est englobé dans la capitale, bien qu'il se soit révolté à l'idée de devenir le 13e arrondissement, bien qu'il ait triomphé en faisant passer au quartier Mouffetard cette dénomination de singulier augure.

L'exploitation s'est emparée de ses villas, pour y construire des rues et des maisons à six étages.

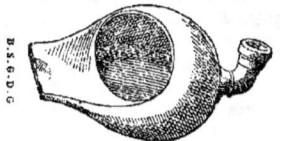

MAGASIN DES CHAUSSURES.

N° 156, Rue Montmartre, N° 158.

AUX DAMES DE FRANCE.

Le propriétaire du Magasin prévient le public qu'il vient de faire une grande baisse sur ses prix, vu que malgré le mauvais commerce, il a fait travailler tout l'hiver par tout ce qu'il y a de mieux en ouvriers, l'ouvrage n'allant pas fort. ce qui le met à même aujourd'hui de pouvoir vendre à des prix très-modérés tout ce que l'on peut désirer de mieux conditionné ; ne faisant jamais rien à la commande, il est parvenu, après avoir combiné la proportion des pieds, à avoir dans ses magasins, sur la même longueur d'un pied, vingt largeurs différentes, ce qui le met à même de chausser tous les pieds sans avoir recours à la commande, ce qui est très-désagréable pour les dames qui prennent souvent par complaisance ce qu'elles ont commandé, étant fatiguées d'attendre. Ayant dans ses magasins environ 200,000 paires de chaussures, tant pour dames que pour enfants, et vendant tout au comptant et achetant de même, c'est ce qui facilite de vendre grandement bon marché. Je n'annoncerai pas ici les prix de mes articles, qui seraient de trop longs détails ; ce n'est qu'en venant visiter mes Magasins que vous reconnaîtrez l'exacte vérité du bon marché, le tout étant marqué en chiffres connus ; vous trouverez tout ce qui se fait en chaussures pour dames, enfants et fillettes. J'ai prévu aussi que dans un si grand assortiment de marchandises, il pourrait bien s'en trouver de détériorées ; mais ayant des Maisons à l'étranger dont j'expédie, mes marchandises sont renouvelées tous les trois mois. Pour vous donner une garantie de ce que j'annonce, toutes marchandises qui seraient achetées le soir comme le jour et qui ne conviendraient pas, seront échangées immédiatement sans aucune rétribution.

Grand choix, pour voyage, de Chaussons et Bottines de Strasbourg.

NOTA. — Les Marchandises sont vendues conditionnellement et échangées sans aucune rétribution, Articles d'hiver pour Articles d'hiver, Articles d'été pour Articles d'été.

Les personnes de province peuvent acheter également conditionnellement ; entendu qu'elles peuvent les faire échanger par conducteur ou messager, dans l'espace de deux mois.

Pourtant les eaux thermales y subsistèrent longtemps avec leurs délicieux ombrages que nous voyons près de nous.

Il est de bon goût d'aller aux eaux : Bade, Vichy, Bagnères ont des panacées non pareilles, et pourtant voilà tout près de nous deux sources excellentes, et dont la proximité devrait faire renoncer toutes les petites fortunes à ces lointains voyages qui ne sont profitables qu'aux croupiers des jeux.

Outre les eaux thermales de Passy, le malade peut trouver un excellent remède au lieu dit les Vignes, chemin de la Gare, au bord de la rue de la Croix, à Auteuil. Cette source ferrugineuse, appelée source Quicherat, fut exploitée dès le dix-septième siècle, mais resta depuis fort longtemps dans l'oubli. Elle offre de nombreux avantages que l'on ne peut mé connaître; aussi nous renvoyons le lecteur à la parole de son propriétaire actuel, M. d'Esebeck.

AUTEUIL

Je reprends la parole. Vous voyez, cher lecteur, s'ouvrir à votre droite Auteuil, qui vient aussi d'être absorbé par la capitale Altolium. Aujourd'hui, Auteuil a une église qui doit remonter au douzième siècle. On ne se douterait guère que les vins récoltés dans les vignes du chapitre de Sainte-Geneviève fournissaient la table des évêques.

Depuis lors, Auteuil vit s'élever sur ces coteaux de charmantes villas qui furent le

rendez-vous des beaux esprits du dix-huitième huitième siècle et d'une foule célèbre d'écrivains. Vous voyez encore la maison où Boileau recevait sous ces frais ombrages Molière, La Fontaine, Racine, ces modèles inimitables de notre littérature. Auteuil présentera longtemps encore les plus charmantes maisons de campagne, parce qu'il offre les feuillages les plus épais, les plus beaux arbres, au milieu desquels le penseur croit voir errer ces grandes ombres avec celles du chancelier d'Aguesseau, d'Helvétius, l'Érégie d'Auteuil, du maréchal de Boufflers et de tant d'autres.

C'est au milieu de ces grands arbres que nous continuons notre route le long de la Seine. A droite d'immenses jardins, à gauche des constructions industrielles de tout genre qui exploitent la Seine comme moyen de transport et comme moteur.

Vous m'épargnerez, très-spirituel lecteur, les éloges au sujet de tous les beaux sites qui se déroulent sous vos yeux. Vous aurez trop d'imagination pour ne pas en sentir le charme; vous ferez donc bien de me remercier doublement et du beau chemin que je vous fais faire et peut-être de mon silence réservé.

Ne quittons pas Auteuil sans parler de ce chantier immense, et si bien approvisionné de bois et de charbon, que vous apercevez; c'est le chantier de M. Achard, dont la maison est connue de tout Paris pour la qualité et le bon marché, et que je vous recommande en passant, cher lecteur, ainsi que l'annonce ci-contre.

Nous arrivons ainsi jusqu'au point du jour, maisons construites sur la route, par suite de l'extension continuelle d'Auteuil. Voici les fortifications, cet ouvrage remarquable qui met à jamais Paris à l'abri d'un coup de main et d'une trahison. Vingt années se sont écoulées depuis qu'elles furent commencées. Mais, vieillards, vous vous rappelez, jeunes gens, on a dû vous raconter les difficultés qu'eut à vaincre l'accomplissement de ce projet que les sinistres événements de 1814 et de 1815 rendaient si naturel. Pourtant, grâce à l'opposition systématique des chambres, grâce au peu de confiance que le peuple parisien accordait au gouvernement de Louis-Philippe, ce projet si sage eût échoué sans un bouleversement ministériel et sans l'ordonnance du 13 septembre 1840, qui ne fut sanctionnée par les chambres que le 3 avril 1841.

Cent quarante millions de francs furent consacrés à construire cette enceinte continue embrassant les deux rives de la Seine, bastionnée et terrassée avec dix mètres d'escarpe des

des ouvrages extérieurs des casemates, etc.

Grâce à ces derniers ouvrages, le cours de la Seine se trouve ici défendu par le fort d'Issy, sur les hauteurs crayeuses que vous apercevez

à votre gauche, et par le fort du mont Valérien que vous verrez tout-à-l'heure, dominant tout l'ouest de Paris.

BOIS DE BOULOGNE

Quittant les bords de la Seine, regardez là-haut ces sommets verdoyants, c'est le bois de Boulogne.

Cette délicieuse promenade formait autrefois un bois de chênes; de là son nom de Rouvray ou Rouvret, qui semble venir du latin Robur, dont on a fait Roveria. Olivier le Daim, le barbier et plus tard le ministre de Louis XI, fut capitaine de la garenne de Rouvray et du pont de Saint-Cloud de Rouvray, ce nom qui fut changé lorsque sur l'emplacement du hameau des Menus-les-Saint-Cloud fut bâtie, sous Philippe le Long, par des pèlerins venus de Boulogne-sur-Mer, l'église de Notre-Dame de Boulogne la Petite.

LONGCHAMPS

Non loin se trouvait l'abbaye de Longchamps, fondée depuis un siècle par Isabelle de France,

sœur de saint Louis, qui y fut enterrée et et y opéra, dit-on, des miracles.

L'habitude se prit d'aller faire ses dévotions à cette abbaye; la population s'y rendait en foule à certains jours de l'année, et c'est ainsi que furent créées les célèbres promenades de Longchamps qui ont lieu chaque année à la fin de la semaine sainte. Ces pèlerinages n'étaient pas les seuls; il y avait encore ceux du mont Valérien, dont vous apercevez les hauteurs sur votre droite. Nombre de miracles et de cures merveilleuses s'y opéraient. Malheureusement la route traversait les ombrages du bois de Boulogne, et si un omnibus se permettait une réflexion, ne pourrait-il pas avouer qu'il doute que nombre de pénitents et pénitentes ont bien pu ne pas arriver tous en parfait état de grâce. Néanmoins, bien que le couvent de Longchamps ait été détruit sous la révolution, la coutume des promenades s'est conservée encore jusqu'à nous, et on n'y va plus pour faire des dévotions, et si la promenade a un caractère humain, c'est à coup sûr celle-là. C'est le temple de la mode. Il y a du bon et du mauvais, toujours de la coquetterie, de la grâce, de l'élégance, de la haute franchise.

C'est vous dire, cher lecteur, que l'industrie des couturières, modistes, tailleurs, carrossiers et tant d'autres s'en trouvent bien.

Allez aux promenades de Longchamps voir ce brillant bois de Boulogne, cet admirable parc anglais, aux brillantes cascades, aux lacs azurés. Vous serez émerveillé de trouver tous ces cafés au milieu d'ombrages. Ce pré catalan, avec ses fêtes, les fantasmagories du Châlet des Iles, qui en font un lieu de plaisance des plus somptueux et des plus agréables.

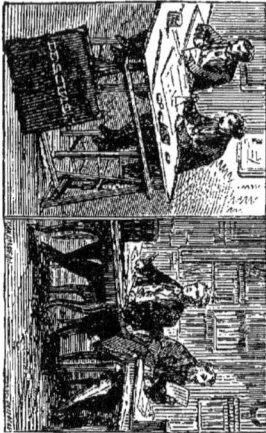

Ne croyez pas pourtant que le bois de Boulogne ne soit qu'un lieu de plaisir. L'étude peut aussi trouver d'intéressants et d'inépuisables sujets dans les animaux et les plantes de toute nature que la société d'acclimatation y a réunis.

En haut est le mont Valérien, le cimetière où dorment tant d'illustres personnages a été fermé et enclavé dans le fort le plus important des environs de Paris. Ce dernier regard jeté sur notre droite, comme je ne veux pas empiéter sur les domaines de mon frère, qui peut si vous le désirez vous mener à Saint-Cloud, nous allons toujours au sud-ouest continuer notre voyage, à moins toutefois que vous ne veuillez vous arrêter dans ce restaurant à gauche où vous ne déjeuneriez certes pas mal.

Jusqu'à la Seine rien de bien intéressant, nous voyageons sur un sol d'attérissement, où la craie est à cinq ou six mètres sous la terre végétale.

Au-delà sur notre gauche, nous voyons les hauteurs de Mendon qui par ses ombrages délicieux et ses aspects champêtres et sauvages contraste avec l'élégant bois de Boulogne.

Nous voici au pont de Sèvres : La Seine nous offre à gauche et à droite des bords sinueux qu'habitent la gente grave et patiente des pêcheurs à la ligne. Ces hauteurs que vous voyez à gauche, c'est Bellevue, autrefois demeure royale, aujourd'hui partagée en une multitude de délicieuses maisons de campagne, cherchez bien, vous retrouverez les fragments du somptueux château, qu'un caprice d'Antoinette Poisson, depuis trop fameuse de Pompadour, fit bâtir et orner, par la main des artistes les plus célèbres celles des Coustou, des Boucher, des Pigalle! etc.

A droite nous voyons la grande grille et nous allons longer quelque temps les murs du parc de Saint-Cloud, où l'on trouve les arbres les plus beaux et les plus vieux des environs de Paris.

La date de Saint-Cloud, est fort reculée on sait qu'après le massacre des enfants de Clodomir, fils de Clovis, Clodoald, un de ces princes se réfugia dans ces lieux déserts appelés alors Novigentum, Nogent-sur-Seine. Il y fonda un monastère; on dit que des miracles s'opérèrent sur sa tombe, et les habitants en furent si reconnaissants qu'ils appelèrent leur village Sanctus Clodoaldus, saint Cloud; à la place du pont que vous voyez là-bas, un autre avait été bâti sous Henri II et fut témoin d'une singulière aventure. Le diable, dit-on, l'avait lui-même achevé. Et, on lui devait en retour le premier être vivant qui passerait sur ce pont. L'architecte s'était obligé à le livrer lui-même. Mais le malin esprit n'eut qu'un chat. Et c'est sans doute de là que les promeneurs aiment tant la gibelotte!... Pardon mais un Omnibus n'a plus besoin d'être si grave nous sommes à la campagne...

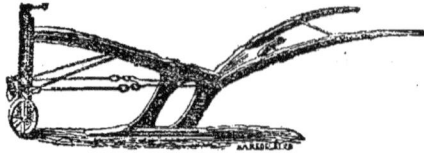

SAINT-CLOUD

Mais attention! Voici Saint-Cloud, site admirable qui occupe une page importante dans l'histoire de nos guerres civiles. Le palais de Saint-Cloud remonte à Mazarin. En 1660 il acheta quatre hôtels pour en faire une résidence royale. Lepautre et Mansard firent les plans, Le Nôtre en dessina le parc et les jardins, et Monsieur frère de Louis XIV eut la plus belle maison de plaisance de l'époque. C'est là que mourut sa femme Henriette d'Angleterre; après être resté dans la famille d'Orléans, fut témoin des orgies de la Régence, et des scènes terribles de la révolution. Ce fut là que se fit le 18 brumaire, Napoléon devenu Empereur, enfin, sa demeure de prédilection.

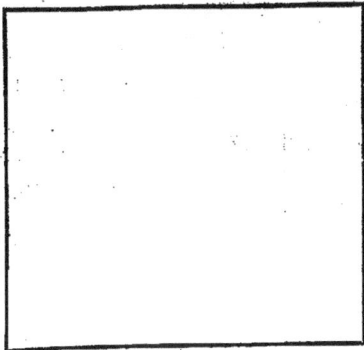

Ce fut un des palais les plus riches du monde jusqu'en 1815 où il fut pillé par Blücher.

En 1830 Charles X et le comte d'Artois y firent s'écrouler la vieille monarchie.

Depuis lors Saint-Cloud est redevenu le séjour habituel de l'Empereur Napoléon III. Ses cascades; son immense jet d'eau et ses magnifiques ombrages sont toujours le rendez-vous de la bonne société parisienne.

Qui de vous dans son enfance n'est monté à cette fameuse lanterne *de Diogène*, d'où l'œil étonné découvre un immense horizon?

Ce monument modelé sur celui qui se trouvait dans les ruines d'Athènes, fut exécuté en 1801 par les frères Erabachi, acheté par Napoléon et placé où il est aujourd'hui.

Mais nous allons traverser Sèvres; ville fort ancienne dont l'église remonte, dit-on au sixième

M. A. SCHANGE

Médecin-Dentiste de la Faculté de Paris

68, RUE DE RIVOLI, 68

VIS-A-VIS DE LA PLACE DE L'HÔTEL-DE-VILLE

A continuellement apporté à sa profession des améliorations; auteur de plusieurs ouvrages des plus estimés, membre de plusieurs Sociétés médicales et savantes, il a su, aux améliorations apportées par lui, ajouter celles de la science.

Aussi se recommande-t-il par la perfection de son travail, qui ne peut être dépassée n'importe dans quel genre.

M. SCHANGE offre à ses clients des Opiats et Elixirs qui, composés d'après de sérieuses études de chimie, ne laissent rien à désirer.

siècle. Les Mérovingiens eurent une habitation et elle fut changée sous la féodalitéen un formidable château fort dont vous pouvez voir les ruines près de l'église.

MANUFACTURE DE SÈVRES

Avant d'y arriver nous rencontrons sur notre gauche la manufacture impériale de Sèvres, créée sous Louis XV par le duc de Lauraguais. Le fronton exécuté par Dumont présente les armes de France que des enfants entourent de guirlandes de fleurs; aux deux côtés sont la peinture et la sculpture. La fabrication de la porcelaine y acquit bientôt une perfection telle qu'elle rivalisa très-avantageusement avec les produits de la Chine, du Japon et de la Saxe. Les peintures furent admirablement imitées au moyen d'un procédé qui permet d'en fixer les couleurs. Chaque exposition présente des objets qui offrent une merveilleuse douceur de tons et de précision de traits; mais ces porcelaines excellent surtout par les peintures dans le genre des Watteau et des Boucher.

Sèvres où je m'arrête un instant contient encore beaucoup de fabriques et surtout des blanchisseries dont les cordes remplacent les gracieux jardins des villages environnants, qui ne sont occupés que par des maisons de plaisance.

La route que nous suivons est fertile en souvenirs historiques, surtout dans ces derniers temps. Elle fut parcourue aux premiers jours de la révolution de 89 par les femmes de la halle qui venaient à Versailles demander du pain et qui se mirent à pleurer en voyant le roi, puis par ces bandes qui le 5 et 6 octobre assaillirent le château de Versailles et ramenèrent à Paris la famille royale; enfin, aux jours sinistres de 1815 par les Prussiens qui se distinguèrent au pillage de Sèvres.

Aujourd'hui cette route semée de distance en distance de riantes maisons de campagne, monte encaissée entre les verdoyants côteaux de Ville-d'Avray et de Viroflay. L'industrie et le luxe ont établi une longue série de maisons d'exploitation ou de campagne le long de cette route.

A droite nous apercevons à peine les hauteurs de Ville-d'Avray, célèbre depuis longtemps par sa source minérale, par ses opulentes maisons de campagne qui s'y trouvent, par les souvenirs de Balzac le fertile romancier qui venait y faire des romans d'horticulture.

Après avoir passé le lieu appelé *femme sans tête*, sans doute en souvenir de quelque sinistre, nous arrivons à Chaville qui s'agrandit chaque jour. On y trouve des fabri-

ques de coton et de limes. La proximité des carrières dont vous appercevez sur la droite les ouvertures béantes, y a fait établir beaucoup de fours à chaux et à briques.

Laissant à droite les taillis des *fausses reposes* passons à Viroflay, dont les bois charmants relient si bien la ceinture d'ombrages solitaires que Paris présente de côté. A peine sorti de ma

station, nous passons sous le hardi viaduc du chemin de fer de la rive droite. Le pays est ici tout à fait champêtre et je le recommande aux amoureux de dix-huit ans qui ont encore de l'activité aux jambes tout aussi bien qu'aux jeunes gens à qui une question d'honneur fait chercher un rendez-vous moins fréquenté que les classiques bois de Boulogne et de Vincennes.

VERSAILLES

Les ombrages s'épanouissent, l'herbe croît dans les contre-allées; évidemment nous arrivons vers une solitude, et vraiment, en entrant près de Montreuil, dans la sombre et grandiose avenue de Versailles, on croit entrer dans une nécropole. On sent de prime-abord que cette ville a été fondée sur les plans gigantesques d'un prince rempli de sa grandeur, et qui se croyait les pouvoirs de créer une grande ville, comme il était convaincu du brillant avenir de la monarchie.

Versailles! grand nom; monument immense de l'apogée du pouvoir royal en France, qui, non content de profiter de la nature, voulait encore la soumettre à ses caprices.

L'octroi est franchi, et nous nous croyons encore à l'extérieur de la ville; à droite et à gauche de vastes jardins, des arbres centenai-res. Pourtant, avançons toujours, l'animation ne croîtra pas beaucoup, mais les souvenirs de sa splendeur éteinte expliqueront pourquoi ce théâtre est si grand pour si peu d'acteurs.

A droite est la butte de Montbauron, où furent bâties les premières villas qui s'élevèrent pour faire leur cour au château royal. Au-dessous sont des casernes et la brasserie Reinert, vaste établissement qui attire toute la population militaire de la ville. Plus loin, en place de la caserne d'artillerie, s'élève, toujours sur notre droite, le palais de justice.

A gauche encore des casernes, puis la route qui mène à l'embarcadère du chemin de Chartres, à Buc, à Jouy-en-Josas, charmants villages nés dans la vallée de la Bièvre, aux dépens de l'ancien parc royal. Plus loin est la mairie, établie dans l'ancien pavillon du grand maître. Les jardins dominent en terrasse un vaste boulevard où le jeudi et le dimanche, pendant l'hiver, les musiques de la garnison attirent les promeneurs de tout âge et de toute condition.

BROSSES PNEUMATIQUES

MAISON SUSSE FRERES

Papeterie

Bronzes

6, RUE ET PLAC DE LA BOURSE

Ce boulevard a pour prolongement la rue Royale, où se trouve une caserne de cavalerie, et qui s'étend jusqu'au plateau de Satory.

Plus loin est à gauche le parc d'artillerie, plus loin encore les bâtiments des petites écuries; cet édifice fut bâti en 1676 par Mansard : il créa les premières fenêtres prises sur les combles, et qui de son nom s'appelèrent mansardes. Que de souffrances, de joies, de rêves et de travaux ces modestes fenêtres ont éclairés depuis!

Comment me trouves-tu, lecteur?

Si un omnibus savait chanter, ne serait-ce pas le cas de m'écrier :

> Voyez là-haut cette pauvre fenêtre,
> Où du printemps se montrent quelques fleurs,
>
> Etc.

A droite de l'avenue sont les grandes écuries dont les bâtiments sont occupés aujourd'hui par l'artillerie de la garde impériale.

Mais nous débouchons sur l'immense place d'armes; à gauche est le vieux Versailles et la rue de Satory, à droite est la ville neuve. Nécessairement je m'arrête à droite, car je suis très-fier d'être fils du siècle, et j'aime les quartiers neufs. A quelques pas de la station où je vais doucement vous déposer, vous voyez la statue d'un général dont Versailles est fière à juste titre. C'est Hoche, le jeune et brillant officier qui reprit les lignes de Veissembourg, qui pacifia la Vendée, et dont la mort brisa tout à coup la glorieuse carrière. Voilà ma course terminée; vous allez me quitter, hélas! pour ne plus me revoir peut-être! Vous êtes-vous bien ennuyé? je l'ignore; mais deux amis ne se quittent pas ainsi; je vais rester ici une grande heure à vous attendre, je vais songer à vous, car que faire en station d'omnibus, à moins que l'on ne songe? Or, nous avons trop bavardé pour que je ne vous fasse pas encore part de mes réflexions.

Cette masse énorme de pierre et de marbre que vous voyez, était, il y a trois siècles, un moulin à vent.

A quelque distance, à gauche, s'élevait la chapelle du Sanctus Julianus de Versaliis, ainsi nommée parce que les champs voisins étaient tourmentés par les vents continuels. Aimez-vous les étymologies, en voilà une qui vaut celle de Rovera.

Versaliis n'était qu'un pauvre village. En 1632, Louis XIII, grand chasseur, acheta ladite seigneurie au sir Antoine de Léomenie, fit abattre le moulin, et à la place fit élever le pavillon rouge que vous voyez encore dans le fond, au centre de cet immense édifice. Le pavillon de chasse eut un fossé, voire même un chemin

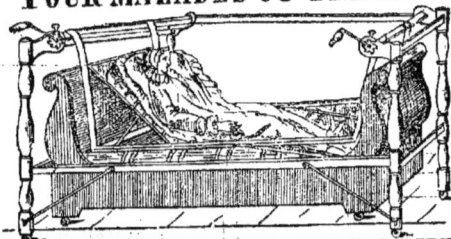

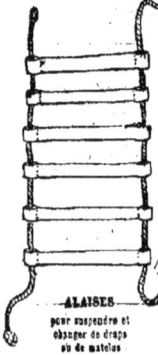

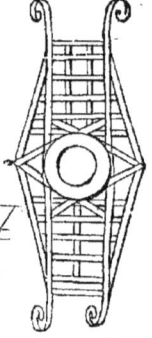

couvert, car le roi lui-même pensait, à cette époque, qu'il était bon de se mettre à couvert des surprises. C'était un prince sage, qui pensait la méfiance mère de la sûreté. Après que les guerres ridicules de la Fronde eurent abattu à tout jamais la féodalité, les seigneurs, qui furent changés en courtisans, et que la mort eut fait taire la voix de Mazarin, il fallut à la place de l'économe demeure du jeune prince, un palais important au grand roi dont la devise altière ne l'égalait rien moins qu'au soleil! Aussi, dès l'an 1661, l'architecte Leveau dut-il présenter à Louis XIV les plans du futur château. Un double corps de bâtiments, élevé de chaque côté de l'avant-cour, sur deux ignes parallèles, vint envelopper l'édifice primitif. Mansard entreprit l'immense et splendide façade tournée du côté du jardin. Il exécuta là un chef-d'œuvre d'architecture qui fait de Versailles le plus beau monument du monde.

A la place où vous apercevez les pignons de la chapelle, la jeune et brillante cour voyait alors des rocs et des cascades. Ce ne fut que trente ans plus tard, en 1669, que les rocs disparurent pour faire place à cette chapelle, qui est un édifice sombre et fort irrégulier. Vous remarquez un fait peut-être unique : les fenêtres du premier étage sont beaucoup plus grandes que celles du rez-de-chaussée. Cette

anomalie ne s'explique que par la nécessité où se trouvait l'architecte de mettre la tribune du roi de plein pied avec les appartements. Cette chapelle éclaira, dit-on, la cérémonie du mariage du grand roi avec Françoise d'Aubigné, veuve du poète Scarron, marquise de Maintenon.

La grande grille que vous voyez entoure les cours actuelles, surplombe deux corps de garde aujourd'hui abandonnés. L'espace qui s'étend devant le château formait autrefois la cour des ministres, la cour royale et la cour de marbre.

Les pavillons qui s'avancent des deux côtés ont été commencés par Napoléon Ier et achevés par Louis-Philippe. Si vous entrez dans l'intérieur du château, vous trouverez au rez-de-chaussée, à droite, la galerie de sculpture; au bout, en tournant, la salle de spectacle où furent représentés les chefs-d'œuvre du grand siècle. Là il fallut tout le génie des Racine et des Molière pour faire admirer, *quand même*, les héros grecs et romains, déclamant leurs magnifiques tirades avec la perruque frisée et les modes du temps, au milieu des gentilshommes qui occupaient la moitié de la scène. Longtemps cette salle conserva la décoration

qu'elle avait reçue pour le banquet offert par la cour de Louis XVI aux gardes-du-corps avant les journées d'octobre.

De l'autre côté du rez-de-chaussée, vous verrez deux grandes galeries de portraits rappelant les généraux et les amiraux célèbres.

Puis, au premier étage, où l'on montait à gauche par l'escalier de marbre, sont les appartements de Louis XIV; la grande galerie de 74 mètres de longueur sur 15 mètres d'élévation, qui par 17 croisées reproduit les magnificences du jardin sur des glaces placées entre 48 pilastres de marbre veiné; enfin les galeries historiques, brillante chronique où le génie des peintres a reproduit les glorieux fastes de nos annales.

Au-dessus, enfin, sont les appartements de la reine, les petits appartements de la reine, *les petits appartements* avec leurs portes et leurs escaliers dérobés. A Ver-

sailles, tout parle histoire. Si vous arrêtez votre visite à l'intérieur du palais et si vous rentrez dans la ville, à gauche se trouve la ville neuve, l'église Notre-Dame, le marché, des rues coupées au cordeau, telles que l'ordonna la vol-

volonté royale,qui daigna concéder le terrain aux habitants;puis à l'exté-rieur, on voit non loin de Trianon, élevé sous Louis XV et séjour

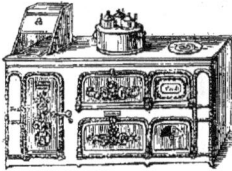

les le sé-jour et le pillage de 70,000 prussiens. Du même côté mais en ville, dans la belle rue des Réser-voirs qui conduit au boulevard de la Rei-

de prédilection de Marie-Antoinette, Rocquen-coûrt, où 3,500 cavaliers français battirent une division Blücher, victoire qui valut à Versail-ne, vous trouverez le théâtre, appelé le théâtre de la Montansier, parce qu'il fut concédé a l'ac-trice de ce nom, favorite de Marie-Antoinette.

A droite de la place d'Armes, est le vieux Versailles, l'hôpital militaire, l'église de Saint-Louis, les hôtels et les jardins aristocratiques. et fut si rapidement construite; et, enfin, la route qui mène le long de la ménagerie jusqu'à Saint Cyr, la demeure chérie des filles no

Les *souve-nirs du parc aux cerfs.*Plus haut est le plateau de Satory, à droite en-core se dé-couvre la magnifi-que piè-ce d'eau des Suis-ses qui a coûté tant de peines

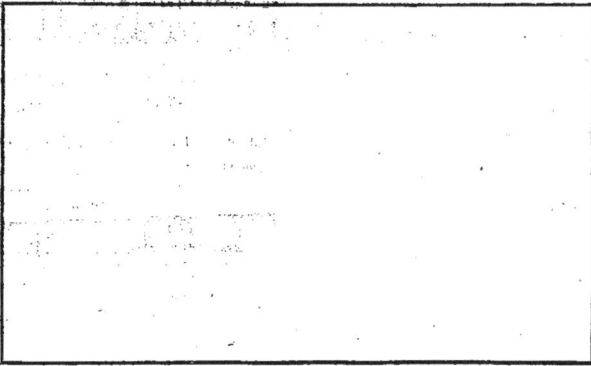

bles, réu-nies par madame de Main-te non qui ne voulait pas leur laisser re-présenter *Androma que;* c'est à ce mo-ment le sé-jour de l'é-cole mili-taire qui a déjà four-

ni tant de généraux illustres.

Mais après avoir dîné à l'hôtel de France, à la Corne ou au Sabot d'Or et autres dont les annonces sont ci-contre, si vous avez quelques heures de soirée, retournez dans ce magnifique jardin ou dans la journée vous aurez, sans doute, remarqué la terrasse conquise à force de travail sur un sol fangeux et rebelle à toute culture; à gauche l'orangerie, à droite le bassin de Neptune le plus beau de tous, en face le tapis vert le char d'Amphitrite, ce vaste bassin qui précède le grand canal et qui a été surnommé le char embourbé à cause du peu de profondeur des eaux. Ces cent bassins enfin que les eaux de Marly alimentent à peine, et pour lesquelles Louvois voulut détourner l'Eure; si, dis-je, vous retournez vers ces jardins, pour peu que vous aimiez la fantasmagorie, pour peu que la lune éclaire de ses rayons argentés l'immense façade construite par le célèbre Mansard, vous ne tarderez pas au milieu de ces arbres toiturés, de ces eaux monotones et de cette nature compassée, à voir revivre les deux siècles passés. Il y a deux cents ans, il fallait au roi Louis XIV un immense théâtre : voilà tout, un immense parce construit pour contenir la foule attendant un regard de cette fenêtre au milieu du pavillon

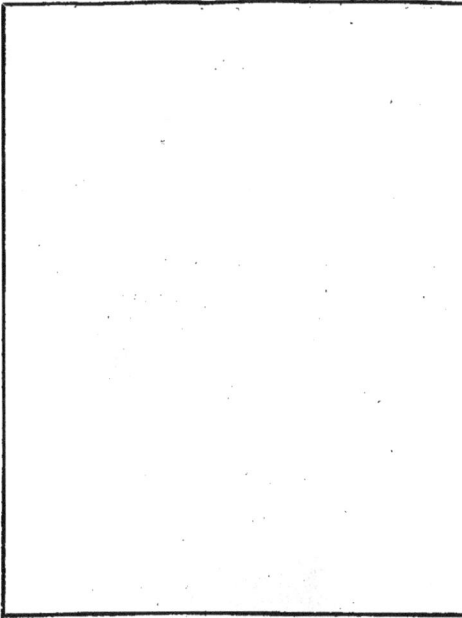

central. C'est de là que le *soleil* d'alors devait lancer ses rayons. Mais, depuis les brillantes *fêtes de l'île enchantée* depuis les ambassades du roi de Siam, depuis toutes ces représentations fastueuses du grand roi, que d'images gracieuses ou effrayantes, splendides ou sanglantes se reproduisent à l'imagination. Voici la douce et timide Lavallière et sa cour chevaleresque, l'orgueilleuse et cupide Montespan et ses intrigues d'antichambre, l'adroite

Maintenon, la cour dévote, le père Lachaise et la révocation de l'édit de Nantes. Puis, avec un nouveau roi jeune et brillant, madame de Châteauroux, la cour philosophique de la marquise de Pompadour gouvernant la France, et toute fière de ce que Marie-Thérèse d'Autriche, la nommait sa chère amie, puis la Dubarry sortie d'un bouge, chassant Choiseul, insultant aux princes du sang et destinée à la hache du bourreau. Enfin, une splendide et gracieuse image d'élégance et de beauté Marie-Antoinette et sa cour frivole riant de l'orage qui grondait sous leurs pieds. Mais l'ombre envahit le brillant palais, l'orage a éclaté ; le peuple inonde ces murs, les rois s'en vont, tout est dévasté, tout est mis à l'encan ; la solitude règne sur cette immense demeure. Puis la grande ombre de Napoléon 1ᵉʳ vient visiter le palais de la vieille monarchie et recule devant le chiffre énorme qu'il faudrait consacrer à ses réparations. Puis enfin le drapeau tricolore s'éclipsant pour reparaître quinze ans plus tard sur le magnifique monument.

A ces imposants souvenirs votre âme se laissera sans doute entraîner, mais la réalité a bien aussi son mérite, Céladon de Paris, il faut songer au retour ; venez donc, je vais vous reporter aussi rapidement vers notre grande ville où bientôt l'éclat du gaz, le mouvement, la préoccupation des affaires, vous auront bientôt fait oublier ces souvenirs, vous serez comme moi, vous ne penserez plus qu'à l'avenir, et c'est à peine si à notre arrivée vous aurez l'idée de remercier votre très-humble et très-obéissant serviteur et ami,

LE CHEMIN DE FER AMÉRICAIN.

NUMÉROTEURS-TROUILLET

BREVETÉS EN FRANCE (S. G. D. G.) ET A L'ÉTRANGER

METTANT ENTRE LES MAINS DE TOUS LA GARANTIE ET LE CONTROLE DE LA DATE ET DU N° D'ORDRE.

Porte-Molettes à 5 chiffres. A.

NUMÉROTAGE, ESTAMPILLAGE, FOLIOTAGE ET DATAGE.

Des effets de commerce, pièces comptables, récépissés et formules à souche, étiquettes, titres, actes authentiques, billets de banque et de loteries, bulletins d'ordre, collections, archives, feuilles d'inventaire, répertoires, livres de commerce et copie de lettres, etc.

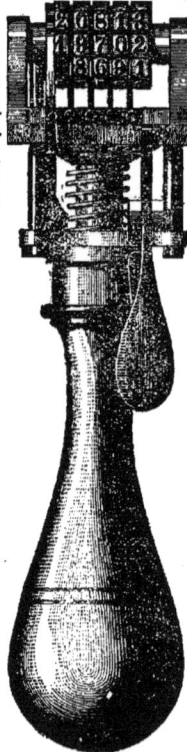

Calendrier renfermant 10 années de date.

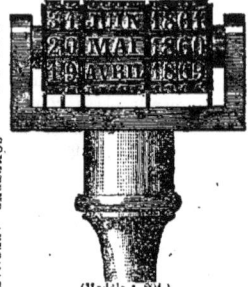

(Modèle A 105.)

(Modèle A 201.)

Dans ce porte-molettes, les chiffres se changent en les tournant avec le doigt. Il sert à imprimer des numéros qui ne se suivent pas.

Les *numéroteurs-Trouillet* sont établis avec les différentes grosseurs de chiffres ci-dessous.

Avec ce calendrier, on imprime soi-même la date du jour sur les papiers reçus ou expédiés chaque jour, qui ont besoin d'une date certaine.

TÊTE DE LETTRE
AVEC
Noms & Profession
ADRESSE & DATE

PARIS 27 JUIL. 1860

(Modèle A 107.)

Timbre à numéros.

NOMS & PROFESSION
50,014
RÉSIDENCE & ADRESSE

(Modèle A 68 bis)

Timbre à calendrier.

NOMS & PROFESSION
7 JUIL. 1860
RÉSIDENCE & ADRESSE

(Modèle A 202)

FAC-SIMILE

Chiffres A.
70,614

Chiffres C.
52,618

Chiffres D.
70368

Chiffres E.
85643

Chiffres H.
89273

Dans ce Compteur-Automate, les numéros se succèdent instantanément par l'effet seul du mécanisme depuis 00,001 jusqu'à 99,931.

COMPTEUR-AUTOMATE à 5 chiffres A, pour imprimer des numéros qui se suivent. (Modèle A 68.)

Avec les numéroteurs-Trouillet on imprime soi-même, comme avec une grille ordinaire, sans avoir rien à démonter ni à ajuster, une série de numéros successifs.

Les numéroteurs-Trouillet remplacent les compteurs et les timbres humides à blancs réservés. Ils s'emploient à la main et s'encrent sur le tampon ordinaire.

Timbres à dates avec filets.

27 JUIL. 1860	27 JUIL. 60
(Modèle A 203)	(Modèle A 213)

CALENDRIER avec plaque *Payez à l'ordre.*

Payez à l'ordre de M
Valeur   compt
Paris le **21 OCT. 1860**

(Modèle A 205)

TABLEAU SPÉCIAL

DES

MAISONS EN VOGUE

DANS PARIS

Versailles et les localités de cette ligne

PARIS

AMEUBLEMENT . . . .
VAN BALTHOVNE,
Rue du Faubourg-Saint-Antoine, 38.

BRONZES D'ART. . . .
GRAUX-MARLY,
Rue du Parc-Royal, 8.

PAILLARD,
Boulevard Beaumarchais, 103

CHALES DE L'INDE. . .
CERF MICHEL & Cie,
Boulevard des Italiens. 7, et 9.

SÈVRES

RESTAURANTS. . . . .
GRAND RESTAURANT DE L'HERMITAGE.

VERSAILLES

ARMURIERS

CONFECTIONS

MONITEUR SPÉCIAL

DU

CHEMIN DE FER AMÉRICAIN

POUR LES PETITS ET GRANDS APPARTEMENTS MEUBLÉS ET NON, LOGEMENTS ET MAGASINS A LOUER

DANS PARIS, VERSAILLES ET DANS PLUSIEURS LOCALITÉS DE CETTE LIGNE

MAISON DE CAMPAGNE A LOUER OU A VENDRE

AVIS IMPORTANT

Voulez-vous promptement et d'une manière avantageuse louer ou vendre votre propriété, local, appartement meublé ou non meublé?

ANNONCEZ-VOUS :

1° Par une jolie affiche de texte succint dans les grandes et vastes voitures et les bureaux du *Chemin de fer Américain de Paris à Versailles;*

2° Par une annonce explicite dans l'*Itinéraire Indicateur du Chemin de fer Américain de Paris à Versailles.*

Les belles voitures du *Chemin de fer Américain* transportent par an *un million* de voyageurs, parmi lesquels se trouvent notamment des Etrangers et des personnes susceptibles de louer ou acquérir des locaux et appartements de toute sorte.

L'*Itinéraire Indicateur* est une brochure de vingt pages d'impression, contenant l'historique du parcours de *Paris à Versailles;* cet historique est entouré et illustré des annonces, et cette jolie brochure est distribuée gratuitement à tous les voyageurs *et Négociants de Paris*, par série de dix mille exemplaires.

TARIF DES ANNONCES, A PRIX FIXE ET A FORFAIT

SAVOIR :	Dans les voitures et bureaux......	1 mois, sans affiches, 12 fr. Avec affiches, 18 fr.
		2 mois, — 20 — 25
		3 mois, — 25 — 30
	Dans l'*Itinéraire Indicateur*......	Pour 10,000 Exemplaires, 15

PRIX A FORFAIT

L'administration se charge exclusivement de la vente ou location des locaux et appartements au prix à forfait de, SAVOIR :

1° Une commission de 5 p. % sur le montant des locations ou ventes n'excédant pas 10,000 fr.;

2° Celle de 3 p. % pour un chiffre plus élevé.

A cet effet, pour assurer une prompte réussite, l'Administration insère dans tous les modes de publicité qu'elle exploite, comme aussi elle emploie tous ses moyens et son personnel.

Veuillez, M..., nous adresser vos ordres d'après les instructions ci-dessus et avec l'indication du genre de tarif que vous choisirez. Dans le cas où ce serait celui à forfait, il va sans dire que vous pourrez vous reposer entièrement sur nous, et que conséquemment nous demandons vos ordres d'une manière exclusive.

Dans l'espoir, M..., que vous apprécierez les avantages que nous vous offrons,

Recevez, je vous prie, l'assurance de notre dévouement.

Le Directeur propriétaire gérant,

F. TROUVÉ et Cie.

NOTA. — Les personnes qui désireraient des renseignements peuvent écrire au Directeur, qui s'empressera de les donner et d'envoyer un de ses représentants à domicile, s'il y a lieu.

LOGEMENTS, MAGASINS, PETITS & GRANDS APPARTEMENTS NON MEUBLÉS

LOCALITÉS	PRIX du local par année	NATURE du LOCAL	ARRONDISSEMENT	RUES ET NUMÉROS	POSITION et COMPOSITION DU LOCAL
Paris.	300	Petit appartement.	1er arrondt.	Rue du Bouloi, 18.	4e étage sur la cour, 2 pièces.
Paris.	500	Grand appartement.	4e arrondt.	Rue du Temple, 24.	3e étage, 2 pièces et cuisine.
Passy.	2,500	Grand appartement		Grande-Rue, 20.	3e étage sur la cour, 5 pièces.
Passy.	3,000	Id.		Grande-Rue, 35.	2e étage, 3 chambres à coucher, salon, salle à manger, antichambre, cuisine, chambre de domestique.
Saint-Cloud.	2,000	Local.		Grande-Rue, 40.	Belle boutique et dépendances.
Saint-Cloud.	1,500	Appartement.		Rue Royale, 50.	1er étage sur le devant, 5 pièces.
Auteuil.	3,000	Petit appartement.		Grande-Rue, 60.	Appartement avec magasin sur le devant.
Auteuil.	1,500	Joli appartement.		Rue Boileau.	1er étage dans la cour, 4 pièces.
Grenelle.	2,000	Joli appartement.		Grande-Rue, 62.	2e étage, 2 pièces et cuisine, etc.
Grenelle.	2,500	Local.		Rue du Commerce, 25.	Un magasin, 3 pièces au-dessus.
Point-du-Jour.	1,500	Local.		Grande-Rue, 50.	Un magasin, 2 pièces au-dessus.
Point-du-Jour.	2,000	Grand appartement		Avenue de la Reine, 15.	1er étage, 4 pièces et cuisine.
Sèvres.	2,500	Grand appartement		Rue des Caves, 6.	2e étage sur la rue, 6 pièces.
Sèvres.	3,000	Local.		Grande-Rue, 10.	Un magasin, 4 pièces au-dessus.
Chaville.	2,000	Local.		Grande-Rue, 37.	Un magasin, 2 pièces au-dessus.
Chaville.	1,000	Petit appartement.		Grande-Rue, 45.	2e étage, 2 chambres, 1 cabinet.
Viroflay.	1,500	Petit appartement.		Rue de la Station, 10.	4e étage, 4 pièces sur la route.
Viroflay.	2,500	Local.		Rue des Bons-Enfants, 30	Un magasin, 3 pièces au-dessus.
Versailles.	2,500	Grand appartement		Grande-Rue, 80.	4e étage sur le devant, 4 chamb. à couch., salon, salle à mang.
Versailles.	2,000	Local.		Rue Saint-Pierre, 20.	Un magasin, 2 pièces au-dessus.

CHAMBRES ET APPARTEMENTS MEUBLES

LOCALITÉS	PRIX du local par année	NATURE du LOCAL	ARRONDISSEMENT ou CANTON	RUES ET NUMÉROS	POSITION et COMPOSITION DU LOCAL
Paris.	70	Chambre-salon.	1er arrondt.	Rue Saint-Honoré.	Fraîchement meublée, ornée de glaces, 3e étage.
Paris.	200	Appartement.	Id.	Près des Tuileries.	Grands et beaux appartements meublés, chambres à coucher, salon, etc., au 4e étage.
Passy.	100	2 Chambres.		Grande-Rue, 45.	2 pièces bien meublées, avec pension, 2e étage.
Passy.	50	Chambre.		Grande-Rue, 50.	3e étage, grande chambre bien meublée.
Saint-Cloud.	80	2 Chambres.		Route de Versailles, 50.	2 chambres et cabinet ornés de glaces et fraîchement meublés 3e étage.
Saint-Cloud.	40	1 Chambre.		Rue Royale, 80.	4e étage, chambre bien meublée.
Auteuil.	150	Appartement.		Grande-Rue, 50.	2e étage, 3 pièces fort bien meublées, cave, terrasse sur le devant.
Auteuil.	25	Chambre.		Rue des Fontaines, 70.	Jolie chambre bien meublée.
Grenelle.	150	Appartement.		Route de Versailles, 44.	3e étage, 2 chambres à coucher, salle à manger, cuisine, etc.
Point-du-Jour.	200	Appartement.		Grande-Rue, 80.	Grand et bel appartement meublé, chambre à coucher, salon, etc., 2e étage.
Point-du-Jour.	30	Chambre.		Avenue de la Reine, 50.	Chambre bien meublée, avec un cabinet, 3e étage.
Sèvres.	100	Appartement.		Grande-Rue, 43.	3e étage, chambre-salon fraîchement meublée, ornée de glaces.
Chaville.	150	Appartement.		Rue Saint-Pierre, 37.	3e étage, grands et beaux appartements meublés, chambres à coucher, salon, etc.
Chaville.	60	Chambres.		Rue Saint-Louis, 80.	3e étage, 2 chambres bien meublées et cabinet.
Viroflay.	50	Chambres.		R. des Bons-Enfants, 32.	2e étage, 2 chambres bien meublées avec balcon.
Viroflay.	170	Appartement.		Rue de la Station, 46.	1er étage, grands et beaux appartements meublés, chambres à coucher, salon, etc.
Versailles.	180	Appartement.		Rue Royale, 50.	1er étage, grand appartement bien meublé, chambres à coucher, salon, cave, etc.
Versailles.	60	Chambres.		Rue Satory, 30.	3e étage, 2 chambres bien meublées, pendule, cabinet.

AVIS IMPORTANT

Voulez-vous vendre, céder ou acquérir promptement et d'une manière avantageuse un fonds de commerce ou une propriété quelconque de différents prix et sur n'importe quel point de Paris, de la Banlieue, des Départements et de l'Etranger ? adressez-vous en toute confiance à la Compagnie spéciale de Publicité, 56, rue Richelieu, à Paris.

Les modes de publicité exclusifs et brevetés que nous exploitons, nos nombreuses relations de commerce et autres, nous placent dans une position telle, qu'il nous est facile d'amener promptement à un bon résultat la mission dont vous voudrez bien nous honorer.

Contrairement à beaucoup de maisons, nous ne prélevons et n'exigeons rien sans résultat.

Nos honoraires sont pour annonces et tous frais de démarches une commission de, savoir :

1° Pour vente ou cession d'un fonds de commerce ou de propriété ;

$$\text{SAVOIR :} \begin{cases} \text{d'un chiffre de 500 à 10,000 fr.} \dots & \text{5 0/0} \\ \text{id.} \quad 10,000 \text{ à } 20,000 \text{ fr.} \dots & \text{4 0/0} \\ \text{id.} \quad 20,000 \text{ et au-dessus.} \dots & \text{3 0/0} \end{cases}$$

2° Pour l'acquisition, dans les mêmes proportions 4, 3 et 2. Il est bien entendu que ces remises ne sont dues et exigibles qu'après *satisfaction* complète.

Certain, M....., que vous reconnaîtrez les avantages que nous vous offrons, nous vous prions de nous adresser vos ordres, afin que nous puissions promptement satisfaire à votre demande.

Recevez, M....., l'assurance de notre entier dévouement.

Le Directeur propriétaire gérant,

F. TROUVÉ et Cie.

NOTA. — Les personnes qui désireraient des renseignements peuvent écrire au Directeur, qui s'empressera de les donner, et d'envoyer un de ses représentants à domicile, s'il y a lieu.

MONITEUR

SPÉCIAL

DU CHEMIN DE FER AMÉRICAIN

POUR LES VENTES

ET

ACQUISITIONS DE PROPRIÉTÉS

FONDS DE COMMERCE ET AUTRES

DANS PARIS, VERSAILLES

ET LES LOCALITÉS DE CETTE LIGNE

AVIS

Pour tous renseignements sur les détails contenus dans ces chapitres, s'adresser à la Cie Spéciale de Publicité, 56, rue Richelieu, à Paris.

DANS PARIS

No 1. — A CÉDER, belle occasion sous tous les rapports;

Un beau, grand et vaste ÉTABLISSEMENT, faisant le coin d'une grande rue et donnant sur deux boulevards (quartier populeux);

Composé de :
- 1° Un grand café, 4 billards. Recette par jour 150f
- 2° Un gd bouillon restaurant. 250
- 3° Un débit de liqueurs. . . 50

Donnant ensemble un total justifié de 460 fr.

Bénéfice net. 460f

Matériel ensemble, considérable, luxueux, en excellent état.

Agencement de bon goût.

Bail, 19 ans; vaste et beau local, très-avantageux; on peut y établir une salle de bal.

Loyer.		Ensemble 14,000f.	Vente de Prix		
Café. . .	7,000			Café. . .	80,000f
Bouillon.	5,500			Bouillon.	50,000
Liqueur.	1,500			Liqueur.	20,000

Ensemble, 150,000 fr.

ARRANGEMENT A L'AMIABLE AU BESOIN.

No 2. — A ACQUÉRIR une gérance de première main :

Un fonds de TABLETERIE dans le 1er, 2e ou 3e arrondissement, et d'un prix de 6,000 à 10,000 fr.

DANS PASSY

No . — A CÉDER joli fonds de MARCHAND DE VINS TRAITEUR; bail, 11 ans; loyer 3,000 fr. Local, grande cour, magasin, grenier, plusieurs caves, boutique, grande salle à manger, cuisine, eau de Seine; 1er étage, 4 pièces; 2e étage, 5 pièces mansardées. Bon matériel. Recette, 100 fr. par jour.

PRIX : 1,200 fr.

On peut établir une maison meublée.

A SÈVRES

N°   . — A VENDRE un FONDS D'ÉPI-
CERIE, VIN en gros et détail. Recette de 150
à 200 fr. avec les marchandises ou sous-mar-
chandises.

AU POINT-DU-JOUR

N°   . — FONDS DE M^d DE VINS ET
BOUILLON à céder pour cause de santé. Bail
6 ans. Loyer 700 fr. Affaires de 20 à 30 fr. par
jour.

Prix : 1,000 fr. comptant.

S'adresser audit fonds, rue Grande, n° 10

N°   . — A CÉDER de suite UN TRÈS
BEAU CHALET très bien situé.

S'adresser rue du Jour, n° 4.

A VIROFLAY

A CHAVILLE

A VERSAILLES

N° . — A VENDRE une très-belle MAISON bien située. — Prix : 80,000 fr.

S'adresser à la Cie d'Annonces , 56, rue Richelieu, à Paris.

N . — FONDS DE MENUISERIE à acquérir ; traiter à l'amiable.

Prix : 48,000 fr.

S'adresser à M. Boudin, notaire, 17, rue de la Place d'Armes.

DEMANDES ET OFFRES

ON DEMANDE, pour s'occuper d'affaires de commerce à Paris, UNE PERSONNE qui ait des connaissances commerciales et puisse justifier de bons antécédents.

S'adresser à la Cⁱᵉ d'Annonces, 56, rue Richelieu.

ASSOCIATIONS, EMPRUNTS

Nᵒ . — ON DEMANDE à emprunter :
1ᵒ A RENTE VIAGÈRE une somme de 25 à 30,000 fr.

A TERME, deux sommes de 20,000 fr. chaque.

On donnera première hypothèque sur des immeubles situés à Paris, d'une valeur plus que double.

S'adresser, 56, rue Richelieu, à la Cⁱᵉ d'annonce.

ON DEMANDE un commanditaire de 40 à 50,000 fr. pour l'exploitation de plusieurs entreprises brevetés d'un grand avenir, etc.

S'adresser à la Cⁱᵉ spéciale de publicité, 56, rue Richelieu.

MARIAGES

UN JEUNE HOMME de 30 ans, possédant une fortune de 50,000 fr., DÉSIRE S'UNIR à une demoiselle ou veuve d'une famille honorable possédant un certain avoir.

S'adresser au bureau de l'Itinéraire.

AVIS DIVERS

Plusieurs BREVETS industriels d'un avenir certain à vendre, à céder ou concessionner.

AVIS IMPORTANT

Pour tous les renseignements sur les détails contenues dans cette brochure, s'adresser à la Cⁱᵉ spéciale de publicité, 56, rue Richelieu, à Paris.

FÊTES DES LOCALITÉS

DESSERVIES PAR LES VOITURES DU CHEMIN DE FER AMÉRICAIN

DE PARIS A VERSAILLES

PASSY, du 6 au 20 Mai.

AUTEUIL, 5, 6, 12 et 13 Août.

SÈVRES, 27 et 28 Mai, 3, 4 et 7 Juin.

CHAVILLE, 5. 6, 12 et 15 Août.

VIROFLAY, 5, 6, 12 et 13 Mai.

VERSAILLES, 1er Mai, 25 Août, 2 Oct.

COMPAGNIE SPÉCIALE DE PUBLICITÉ, 56, RUE RICHELIEU

Jusqu'à ce jour, la publicité, cette trompette du commerce, n'a fait entendre que quelques-uns de ses sons près de certaines classes de la société, et cela à des prix très-élevés.

Convaincu par expérience qu'un mode de publicité n'est bon et productif, pour celui qui l'emploie, qu'autant qu'il est *permanent, répandu*, et que l'on est forcément obligé de lire les annonces qu'il met sous les yeux du public.

Mon but est celui-ci :

Simplifier la publicité, lui donner une plus grande extension par un système inconnu et des moyens non employés jusqu'à ce jour, *l'universaliser* et la rendre moins *coûteuse*. Sous ce rapport, j'assure désormais au commerce, aux arts et aux administrations, des avantages *immenses, incontestables* pour leur développement, en publiant le *Mémento-Agenda, publicité universelle* (Breveté s. g. d. g.)

Le titre seul de ce nouveau mode de publicité explique sa supériorité sur tous ceux employés et connus jusqu'à ce jour, même sur celui des journaux, dont les résultats sont efficaces malgré ses inconvénients.

En effet, le prix des annonces en est très-élevé, et les journaux ne sont lus que par certaines classes de la société, dont quelques-unes *seulement* et *très-rarement* lisent la quatrième page où se trouvent amoncelées, sans aucun ordre, des annonces de toutes espèces.

En somme, quelle publicité pourrait être comparée à celle de ce système *breveté*, introduit dans le *Mémento-Agenda ?* qui pourrait manquer de saisir les avantages immenses d'une telle innovation ? désormais vouée à ce *vadé mécum*, surtout divisé avec symétrie, en compartiments d'annonces, ainsi qu'il est dit par les paragraphes ci-dessous énumérés ;

1° La couverture, la garde et la contre-couverture, divisées en compartiments d'annonces ;

2° Le calendrier ordinaire, réuni, illustré d'annonces ;

3° Des renseignements administratifs, législatifs, judiciaires et diplomatiques, illustrés des annonces, symétriquement ornés de MM. les fournisseurs impériaux et royaux des Cours de France et de l'Etranger ;

4° Le calendrier journalier, dont chaque feuillet ne contient qu'un jour, qui sera illustré d'annonces, suivies d'un long espace nécessaire pour servir aux inscriptions quotidiennes ;

5° Des annonces particulières, destinées aux principaux établissements de bains et de santé, aux hôtels, restaurants, théâtres, bals, concerts, etc., de France et de l'Etranger ;

6° Une page réservée aux principales compagnies d'assurances de toutes espèces, de France et de l'Etranger ;

7° Des pages entières sont successivement ouvertes aux annonces de MM. les notaires, avoués, huissiers, avocats, agents d'affaires, de change, courtiers de commerce et en marchandises, banquiers, médecins et chirurgiens de France et de l'Etranger, au milieu desquels se trouvent les renseignements sur l'administration des postes, qui sont aussi illustrés d'annonces de MM les fournisseurs de cette administration ;

8° Pages entières d'annonces, suivies de renseignements sur le service général des chemins de fer et d'une table des matières.

Le *Mémento-Agenda* aura deux formats : celui de cabinet et celui de poche. Le *Mémento* de poche, servant de portefeuille, aura les mêmes dispositions, seulement il contiendra les rues de Paris, illustrées d'annonces, et sera fermé par un crayon.

Malgré son luxe, cet ouvrage, très-bien relié, de soixante feuilles d'impression, sera vendu 100 p. % au-dessous de l'agenda ordinaire.

Une partie sera distribuée gratuitement aux établissements publics et aux administrations de France et de l'Étranger.

Le prix des annonces et inscriptions est très-minime, en raison des services qu'elles sont appelées à rendre, savoir :

Les compartiments contenus dans les paragraphes 1, 2 et 3, ci-dessus désignés, sont de 2 à 500 fr. pour 10 000 exemplaires ;

§ 4. Les compartiments du calendrier journalier, servant aux transcriptions quotidiennes, sont de 150 fr. pour 10,000 exemplaires.

§ 5 et 6. Les annonces sont pour 10,000 exemplaires de 5 fr. la ligne de quarante lettres ordinaires ;

§ 7. MM. les dénommés de ce paragraphe auront droit à une annonce de cinq lignes ordinaires, au prix total de 4 fr. pour 10,000 exemplaires, avec remise d'un volume.

Les annonces excédant cinq lignes seront payées doubles, de cinq lignes en cinq lignes.

Les annonces d'une page entière seront de 1000 fr pour 10,000 exemplaires.

Il sera traité à forfait pour l'insertion des annonces dans tous les tirages mensuels qui seront faits pendant l'année, pour le *Mémento* en langues française et étrangères.

Pour bien remarquer la modicité de ces prix, il faut se rendre compte de la permanence de cet *Agenda* qui, en raison de son prix minime de vente et de sa distribution gratuite, sera *universellement répandu* dans les plus petits villages comme dans les plus grandes villes de France et de l'Etranger.

En un mot, ce *Mémento-Agenda*, publicité universelle, illustré, *breveté*, sera utilisé et conservé chez les plus petits commerçants comme chez les plus grands négociants, capitalistes et administrateurs les plus chargés d'affaires de France et de l'Etranger, qui seront frappés de cette idée, leurs adresses placées à telle ou telle date, 10,000, 20,000, 40,000 personnes seront forcément obligés de les lire en faisant les transcriptions journalières.

Je le répète, la modicité du prix des annonces et de vente de ce *Mémento*, son utilité et sa supériorité le rendra unique, *universel*, et le fera rechercher du commerce, de l'industrie, des arts et des administrations pour lesquels ce chef-d'œuvre de publicité est appelé à donner des résultats prodigieux.

Dans l'espoir, M.   , que vous apprécierez ce nouveau mode de publicité et que vous deviendrez notre client, veuillez recevoir l'assurance de mon entier dévouement,

LE DIRECTEUR-PROPRIÉTAIRE, EDITEUR BREVETÉ,

F. TROUVÉ.

NOTA. — Les Agenda seront tirés pendant l'année qui précède celle pour laquelle ils sont destinés le payement des abonnements ne sera fait que sur justification d'impression, de vente et de distribution. Chaque abonné aura droit à un exemplaire. L'abonnement de 100 fr. donnera droit à cinq exemplaires en sus. Le *Mémento-Agenda* étant breveté à l'Etranger, il sera tiré dans les mêmes conditions, en plusieurs langues ; mais le prix des annonces sera augmenté de 5 p. %.

Pour les renseignements, on est prié d'écrire au Directeur qui s'empressera de répondre et d'envoyer au besoin un de ses représentants.